中华精神家园

古建之魂

道观杰作

道教的十大著名宫观

肖东发 主编　方士华 编著

中国出版集团

现代出版社

图书在版编目（CIP）数据

道观杰作 / 方士华编著. — 北京：现代出版社，
2014. 7（2021. 7重印）
ISBN 978-7-5143-2304-7

Ⅰ. ①道… Ⅱ. ①方… Ⅲ. ①道教－寺庙－介绍－中
国 Ⅳ. ①K928. 75

中国版本图书馆CIP数据核字(2014)第163554号

道观杰作：道教的十大著名宫观

主　　编：肖东发
作　　者：方士华
责任编辑：王敬一
出版发行：现代出版社
通信地址：北京市定安门外安华里504号
邮政编码：100011
电　　话：010-64267325 64245264（传真）
网　　址：www.1980xd.com
电子邮箱：xiandai@cnpitc.com.cn
印　　刷：三河市嵩川印刷有限公司
开　　本：710mm×1000mm　1/16
印　　张：11
版　　次：2015年4月第1版　2021年7月第3次印刷
书　　号：ISBN 978-7-5143-2304-7
定　　价：40.00元

　　党的十八大报告指出："文化是民族的血脉，是人民的精神家园。全面建成小康社会，实现中华民族伟大复兴，必须推动社会主义文化大发展大繁荣，兴起社会主义文化建设新高潮，提高国家文化软实力，发挥文化引领风尚、教育人民、服务社会、推动发展的作用。"

　　我国经过改革开放的历程，推进了民族振兴、国家富强、人民幸福的中国梦，推进了伟大复兴的历史进程。文化是立国之根，实现中国梦也是我国文化实现伟大复兴的过程，并最终体现为文化的发展繁荣。习近平指出，博大精深的中国优秀传统文化是我们在世界文化激荡中站稳脚跟的根基。中华文化源远流长，积淀着中华民族最深层的精神追求，代表着中华民族独特的精神标识，为中华民族生生不息、发展壮大提供了丰厚滋养。我们要认识中华文化的独特创造、价值理念、鲜明特色，增强文化自信和价值自信。

　　如今，我们正处在改革开放攻坚和经济发展的转型时期，面对世界各国形形色色的文化现象，面对各种眼花缭乱的现代传媒，我们要坚持文化自信，古为今用、洋为中用、推陈出新，有鉴别地加以对待，有扬弃地予以继承，传承和升华中华优秀传统文化，发展中国特色社会主义文化，增强国家文化软实力。

　　浩浩历史长河，熊熊文明薪火，中华文化源远流长，滚滚黄河、滔滔长江，是最直接的源头，这两大文化浪涛经过千百年冲刷洗礼和不断交流、融合以及沉淀，最终形成了求同存异、兼收并蓄的辉煌灿烂的中华文明，也是世界上唯一绵延不绝而从没中断的古老文化，并始终充满了生机与活力。

　　中华文化曾是东方文化摇篮，也是推动世界文明不断前行的动力之一。早在500年前，中华文化的四大发明催生了欧洲文艺复兴运动和地理大发现。中国四大发明先后传到西方，对于促进西方工业社会的形成和发展，曾起到了重要作用。

　　中华文化的力量，已经深深熔铸到我们的生命力、创造力和凝聚力中，是我们民族的基因。中华民族的精神，也已深深植根于绵延数千年的优秀文化传统之中，是我们的精神家园。

　　总之，中华文化博大精深，是中国各族人民五千年来创造、传承下来的物质文明和精神文明的总和，其内容包罗万象，浩若星汉，具有很强的文化纵深，蕴含丰富宝藏。我们要实现中华文化伟大复兴，首先要站在传统文化前沿，薪火相传，一脉相承，弘扬和发展五千年来优秀的、光明的、先进的、科学的、文明的和自豪的文化现象，融合古今中外一切文化精华，构建具有中国特色的现代民族文化，向世界和未来展示中华民族的文化力量、文化价值、文化形态与文化风采。

　　为此，在有关专家指导下，我们收集整理了大量古今资料和最新研究成果，特别编撰了本套大型书系。主要包括独具特色的语言文字、浩如烟海的文化典籍、名扬世界的科技工艺、异彩纷呈的文学艺术、充满智慧的中国哲学、完备而深刻的伦理道德、古风古韵的建筑遗存、深具内涵的自然名胜、悠久传承的历史文明，还有各具特色又相互交融的地域文化和民族文化等，充分显示了中华民族的厚重文化底蕴和强大民族凝聚力，具有极强的系统性、广博性和规模性。

　　本套书系的特点是全景展现，纵横捭阖，内容采取讲故事的方式进行叙述，语言通俗，明白晓畅，图文并茂，形象直观，古风古韵，格调高雅，具有很强的可读性、欣赏性、知识性和延伸性，能够让广大读者全面接触和感受中国文化的丰富内涵，增强中华儿女民族自尊心和文化自豪感，并能很好继承和弘扬中国文化，创造未来中国特色的先进民族文化。

2014年4月18日

海岛上的明珠——崂山太清宫

张廉夫在崂山始建三官庙 　002

道士李哲玄扩建三皇殿 　010

宋代刘若拙奠定道观规模 　016

保留宋代建筑风格的道观全景 　019

龙门祖庭——北京白云观

024　邱处机命令弟子重建太极宫

029　明代重修后奠定中路布局

036　王常月指挥组建东西路建筑

东岳神府——泰山岱庙

秦汉时为帝王举行祭典而建 　046

宋真宗亲自下诏扩建岱庙 　052

寺内现存的其他文物古迹 　060

中州祠宇之冠——嵩山中岳庙

068　为纪念王子晋始建的太室祠

072　汉武帝命祠官增建太室神祠

075　乾隆年间整修后定下布局

壁画艺术宝库——芮城永乐宫

为奉祀吕洞宾始建吕公祠　084

以精美壁画而闻名的殿堂　089

江南第一观——苏州玄妙观

千年妙观历经劫难重现风采　094

三清殿成为宋代建筑的代表　098

以精美壁画而闻名的殿堂　105

武当名观——太和宫

112　建于真武大帝飞升地的名观

119　与太和殿相媲美的特色金殿

川西第一观——成都青羊宫

周代时为纪念道仙而建观　126

在清代时期得到持续发展　136

西安最大道观——万寿八仙宫

宋代时为祭祀道仙而建庵　146

清代时辟为全真派十方丛林　157

崂山太清宫

在山东青岛东25千米崂山老君峰下、崂山海湾之畔，有号称崂山道观中历史最悠久、规模最大的一座宫观名叫太清宫，俗称下宫。

此道观修建于西汉建元元年，即公元前140年，距今已有两千多年的历史。由于此道观三面环山，一面临海，形成海抱仙山山抱海、山海相依、负阴抱阳的独特地理景观，所以被人们誉为"海岛上的明珠"。

张廉夫在崂山始建三官庙

道教 是我国本土的一种宗教，创立于东汉时期，是我国土生土长的宗教，并经过长期的历史发展而形成的。道教距今已有两千多年的历史。它与中华本土文化紧密相连，深深扎根于中华沃土之中，并具有鲜明的中国特色，对中华文化的各个层面都产生过深远影响。当今的道教主要分为全真派和正一派两大教派。

俗话说：山不在高，有仙则名。崂山的盛名，得益于崂山的道教。崂山素有"九宫八观七十二名庵"之说，其中，规模最大、历史最悠久的就是始建于西汉建元元年、距今2140多年的道教道观太清宫。

那么，这座道观是由何人所建，为什么而建立呢？我们的故事还要从西汉年间说起。

话说，在西汉文帝、景帝、武帝年间，人们对玄学的研究相当普遍，宫廷中从皇帝到众

■ 崂山太清宫石刻

■ 孙膑 是我国战国时期军事家，兵家代表人物，是著名军事家孙武的后代。他曾与魏国大将庞涓为同窗，因受庞涓迫害遭受膑刑，身体残疾，后在齐国使者的帮助下投奔齐国，被齐威王任命为军师，辅佐齐国大将田忌两次击败庞涓，取得了桂陵之战和马陵之战的胜利，奠定了齐国的霸业。

官员都以精于玄学为荣。

在这些众多的官员中，有一个名叫张廉夫的才子，在当时的玄学潮中独领风骚。

这位张廉夫本是汉景帝时期的大夫，但是，由于他非常喜欢玄学，久而久之，便对官场产生了厌倦的情绪。

也正因为如此，张廉夫最终还是选择了"弃职入道"。弃官以后，张廉夫先是来到离京城最近的终南山修道。

终南山从春秋时期开始就是我国道教的发祥地之一，历史上有不少著名人物都与这座大山有关。

战国时期的军事家孙膑、庞涓，政治家苏秦、张仪，元代的政治家刘秉忠等都是从终南山出来的。

到现在为止，终南山仍有许多道教古迹，记载着当年的辉煌。

再说张廉夫在终南山学道数载后，他把师父教的道教学问都学完了，之后，他便开始云游各名山大川，并一路收留一些有缘的弟子。

玄学 是对《老子》、《庄子》和《周易》的研究和解说。是对道家的表达。可以说玄学是道家的一种分支或改进。"玄"字出自老子《道德经》中"玄之又玄，众妙之门"，言道幽深微妙。

■ 三官殿大门

硬山式 是我国古建筑屋顶的构造方式之一，屋面仅有前后两坡，左右两侧山墙与屋面相交，并将檩木梁全部封砌在山墙内，左右两端不挑出山墙之外的建筑叫硬山建筑。硬山建筑是古建筑中最普通的形式，无论住宅、园林、寺庙中都有大量的这类建筑。

西汉武帝建元元年，也就是公元前140年，张廉夫和其弟子来到了山东青岛地区的崂山。

张廉夫见此地三面环山，前面濒海，认为此地是建立道观的最佳地方，于是，他在崂山老君峰下选择背山面海之处，用了两三年的时间，和众弟子相继建起了"三官庵"和"三清殿"两座茅庵，这两座主殿便是崂山地区人工修建的首座道教庙宇，张廉夫将它们命名为"三官庙"。

崂山太清宫内现存的三官庵又称三官殿，是崂山最早的道教庙殿，为布局工整的三进殿院，大门朝东。在我国北方，绝大多数的庙堂大门都是朝南开的，因为坐北面南象征着权威。崂山是道家仙境，不讲究权势，在这里把门向东开是表示对客人的尊重。

现存的三官殿是宋代以后的重修建筑，其主殿属单檐硬山式砖石结构殿堂，顶面覆以黑色板瓦和筒瓦，匾额为长方形木雕篆书体，是标准的宋代建筑。

从宋代至今，三官殿经历过无数次修缮，却总是保留着宋代建筑的基本特点和风格，虽不富丽堂皇，却不乏古朴庄严，是典型的道教殿堂。

三官殿内供奉的是天官、地官、水官，实际上是我国古代最有影响的三位部落领袖尧、舜、禹。

相传，尧敬天爱民，上应天象，风调雨顺，被人尊为"天官"；舜在位时，民风高尚，地不生灾，被誉为"地官"；大禹继承父业，治理了水患，三过家门而不入，理所当然地被尊为"水官"。

在三官殿的正殿两侧，分别供有"雷神"和"真武"二神。

需要注意的是，这里的雷神和我们传统中认识的

篆书　汉语字体之一。是大篆和小篆的统称。大篆指甲骨文、金文、籀文、六国文字，它们保存着古代象形文字的明显特点。小篆也称"秦篆"，是秦国的通用文字，大篆的简化字体，其特点是形体匀称齐整、字体较籀文容易书写。

■ 太清宫内的岫玉雕刻

■ 矗立在太清宫门
前的照壁

雷公却不是同一人，这里的雷神主要是惩罚恶人和对做坏事者采取相应惩处措施的神，是正义之神。

真武就是玄武，是四方神之一。传说，天尊出巡时，左青龙、右白虎、前朱雀、后玄武，簇拥在天尊周围，以壮天威。

那么，这里为什么雷神的对面是"真武"神像呢？因为崂山地处我国北方，从方位管辖的角度来看，也属于玄武神的范围，在四方神中单独供奉玄武神也有这个原因。

从宋代开始，皇帝在尊神的同时，又避讳他们先君或自身的名字，后把玄武的"玄"字改为"真"字，就是现在的"真武大帝"。

真武属水，水德柔顺，滋润万物，与雷神相对，一位象征着至刚，一位象征着至柔，正应了道家哲学中"阴阳相生，刚柔并济"的辩证思想。

这种哲学思想不仅是道士修身处世的基本思想，而且也是练武功、修内功的主旨，对养生、内外功修炼都有一定的指导意义。

在三官殿院内外，还分布有大量的古树名木，其中以大门外不远处的一棵圆柏为最古。

这株圆柏，高18米，胸围3米多，树龄有2100多年，据说，这是三官殿的创始人张廉夫初建此庙时所植，至今仍生机盎然。

另外，在三官殿的二进院和三进院内，还有很多株山茶，其树龄之高，大多在400年以上。

和三官殿在同一时期修建的三清殿是现存崂山太清宫的第二大主殿。这是一座长方形院落，由一个正殿和两个偏殿组成。其中，主殿属砖石结构的硬山式建筑，殿内供奉三清神像。

道教的最高境界称为"三清"，即玉清、上清、太清。三清各为一级洞天，各有天尊主持。

在我国古代道学思想中，认为小乘修炼是做人的根本，一个庞大的人类社会，需要有一种能够制约人行为的规范，以此来区别美丑善恶，这就是我们常说

■ 三清殿内神像

三清 是指道教三清尊神，即玉清元始天尊、上清灵宝天尊、太清道德天尊（太上老君）。其中所谓玉清境、上清境、太清境是所居仙境的区别，清微天、禹余天、大赤天是所统天界的划分，而天尊的意思则是说，极道之尊，至尊至极，故名天尊。

道德天尊 又称太上老君、混元老君、太清大帝等。是三清尊神中受到最多香火奉祀的神明，道教相信道家哲人老子是老君的化身，度人无数，屡世为王者之师；因其传下道家经典《道德经》，所以称老君为道德天尊，也被道教奉为开山祖师。

的道德。几千年来约束人们行为最有力的规范就是道德，因此，道家把涵养道德作为最高级的修身境界。

道家认为，一个人只有道德高尚，才有资格去接触中、高级的修炼内容。

道德高尚的人经过刻苦修行，启动灵感之后方能获得宝贵的修真秘诀，并沿着正确的修身道路才可以达到返朴归真的境界。所以在三清殿的正殿供奉的三清真神正是道德天尊、灵宝天尊、元始天尊的原意和秘密所在。

在正殿的两侧，依照方位，东西两厢分别设有偏殿。东偏殿供奉的是道教全真派最初的创立始祖东华帝君，在神话传说中，东华帝君是天上阳神的主管。西偏殿中供奉的是西王母，俗称"王母娘娘"，传说她是天上阴神的主管。

此外，在三清殿外侧，还有一尊红脸膛，三只眼，三目怒视，胡须四张，披甲戴盔，手持钢鞭火轮的神像就是镇坛王灵官。

王灵官是道教的护法神和纠察神，他相当于佛教中的护法神韦驮

■ 三清殿古老的香炉

的地位。

　　再说崂山上的三官庵和三清殿这两座茅庵建成后，张廉夫便在此地广收学徒，并举行了正规的授徒祭拜仪式。

　　从此，这里便正式成为了道教道观，这也为崂山道教以后的发展奠定了基础。

　　因为这崂山上道观的修建时间比龙虎山的开山祖师张道陵创立天师道的时间要早200多年，为此，以后的崂山道士尊称张廉夫为"开山始祖"，而崂山也成为了我国道教的发祥地之一。

■ 王灵官塑像

阅读链接

　　张廉夫在崂山道教的功绩不仅仅是首建庙宇，而在于他屡次南下北上，来往于中华大地的各处道教庙宇之间，推进了各地道教经书典籍、经韵曲牌的交流，充实了崂山的道教文化。

　　西汉昭帝始元二年丙申（公元前85年），张廉夫委命弟子刘方清、赵冲虚、冯若修主持庙事，自己回江西鬼谷山三元宫潜修。这时张廉夫已是85岁高龄。这之后他多次来崂山，以近百岁高龄往返大江南北，这在交通相当便利的现代都是不容易的，何况在2000余年前，没有极高的修为，没有健壮的体魄是根本做不到的。

道士李哲玄扩建三皇殿

公元904年，由张廉夫始建的三官庙迎来了一位特殊的客人，此人便是第一位受过朝廷敕封的高道李哲玄。

这李哲玄，字静修，号守中子，河南兰义人，生于唐代宣宗大中元年丁卯二月十七日，即公元847年。

李哲玄在他14岁的时候考中进士，因他喜欢过无拘无束的生活，并喜欢读道经，同时受孙思邈、司马承祯等人的道学思想影响。

正是如此，他做官不久后，便选择了弃官云游，四处寻找道家名师，以便拜师学道。

■ 孙思邈（581年—682年），汉族，唐朝京兆华原，现在的陕西耀县人，是著名的医师与道士，是我国乃至世界史上伟大的医学家和药物学家，被后人誉为"药王"，许多华人奉之为"医神"。

后来，李哲玄几经辗转，来到了广东省惠州博罗县境内的罗浮山曜真洞入道。

修行十数年，当他深研玄理，学得道教的精华以后，他便拜别师友，于唐昭宗天祐元年，即公元904年来到了崂山。

此时，崂山的三官庙自张廉夫创建了三官庵和三清庵以后，直至唐代，并没有多大的变化。

李哲玄来到此地后，见这里风景优美，环境极佳，但作为一个道教高人来说，他认为，这三官庙宫区的布局很不合理，于是，他便依照道教"道生一，一生二，二生三，三生万物"的哲学思想，对三官庙的甬道和附属建筑布局进行了调整和修建，并集资兴建一座殿堂，名为三皇殿。

李哲玄根据九宫八卦的方位将三皇殿建于"开门"位置。因为在道教的九宫八卦方位中，只有"休门、生门、开门"这三门为吉门。

与此同时，李哲玄还组织了庙内的道士们完成了植树、修路、建庭院和栽花圃等系列工作，使太清宫的园林布局形成了正规的寺庙园林风格。

太清宫现存的三皇殿就是李哲玄当时修建留下的

■ 三官殿内殿堂的一角

九宫八卦 九宫是排局的框架和阵地，中宫之数为五，寄于坤宫。这样，依照次序便是：一宫坎，二宫坤，三宫震，四宫巽，五宫中，六宫乾，七宫兑，八宫艮，九宫离。八卦是我国古代一套有象征意义的符号。用"—"代表阳，用"— —"代表阴，用三个这样的符号，组成八种形式，叫作八卦。

道观杰作

道教的十大著名宫观

■ 太清宫内的道教石刻

太极图 是研究周易学原理的一张重要的图象。太有至的意思，极有极限之义，就是至于极限，没有相匹之意。既包括了至极之理，也包括了至大至小的时空极限，放之则弥合，卷之退藏于心。可以大于任意量而不能超越圆周和空间，也可以小于任意量而不等于零或无，以上是太极二字的含义。

古迹。这是一个长方形院落，并排列有两座殿堂，主殿是三皇殿，副殿是救苦殿和耿祖祠。

三皇殿中供奉的是"天皇"、"地皇"、"人皇"三位神仙。他们分别是中华民族远古时期的氏族领袖伏羲、神农和轩辕。

其中，被称为天皇的伏羲氏手里擎着太极图位于中间，旁边那位手捻稻菽的是地皇神农氏，另一边手握护板的是人皇轩辕氏。

关于这三位老祖先传说很多，如：伏羲制八卦；神农尝百草；轩辕皇帝做兵器、造舟车等，他们都被尊为开创华夏文明的始祖。

在三皇殿两侧，供奉的是中华民族历史上出类拔萃的10位民间医生，他们是创始诊病"问、闻、望、切"四法的扁鹊，有发明麻沸散、首创健身五禽戏的华佗，有作《伤寒杂病论》的张仲景，有著有《千金药方》、后被尊为药王的孙思邈，有修《本草纲目》的李时珍，等等。

在正殿中供奉这些名医的造像，意义在于纪念他们继承和发扬中华民族医学，治病救人，广施普济的功绩。

此外，在三皇殿内，还有一株古柏，高22米，胸围近4米，树龄在两千年以上，它与三官殿大门外的古柏同是西汉张廉夫初创太清宫时所种植。

在这株古柏树干北侧距地面1.5米处，生长着一株藤本植物凌霄，这株凌霄的根全部长在树干中，与之相呼应。

在此古柏的南侧距地面约10米的树干上又生有一株木本植物盐肤木。这凌霄的树龄已超过百年，盐肤木的树龄也有近百年。

在这近百年来，这三树一体同生，在植物界实属罕见，形成独特景观，被称为"汉柏凌霄"。

在此汉柏旁边，还有一棵唐代栽的榆树，名为龙头榆。此树不结榆钱，树身盘曲似苍龙，树高18.2米，胸径1.3米，树龄已有1100余

五禽戏 又称五禽操、五禽气功、百步汗戏等，它是一种我国传统的健身方法，由五组模仿动物的动作组成。五禽戏传说由东汉医学家华佗创制。五禽戏是我国民间广为流传的、也是流传时间最长的健身方法之一，据传，华佗的徒弟吴普因长年习练此法而达到百岁高龄。

■ 三皇殿前的汉柏凌霄

盐肤木 又称五倍子树、山梧桐、黄瓤树和漆树，为漆树科盐肤木属落叶小乔木。它是我国主要经济树种，可供制药和作工业染料的原料。其皮部、种子还可榨油。在园林绿化中，可作为观叶、观果的树种。根、叶、花及果均可入药，有清热解毒、舒筋活络之功效。

年，居全国古榆之冠。

三皇殿的西配殿是耿祖祠，里面供奉的是明代太清宫道士耿义兰，这是外地道教殿观中没有的。

三皇殿的另一配殿为救苦殿，里面供奉的是救苦天尊。

传说，这位救苦天尊专门济世救苦，拯救世人脱离苦海，帮助世人解脱困境。这实际上仍是道教思想的一个侧面反映。

在救苦殿外，还有一株大山茶，树高10米，胸围1.3米，树荫所及70余平方米，是现存崂山景区内长势最好的一株山茶。

此山茶北侧有一株侧柏，高17米，胸围近2米，树龄也在500年以上。

再说这位组织修建三皇殿的李哲玄，他一共活了120岁，是一位修道有成的长寿道人。

■ 生长在太清宫内的龙头榆

三皇殿内的塑像

959年，李哲玄羽化于崂山太清宫，其骨骸葬于太清宫后山之阳。后来，鉴于李哲玄对崂山庙宇的建设做出了重大贡献，后周太祖郭威敕封他为道化普济真人。

阅读链接

据我国古代的经典著作《易经》中记载，在伏羲存在的历史时期，他制定并修改了华夏历法，所以被后人尊为"天皇"，其意义是纪念他对中华民族科学文化所做出的贡献。

神农氏是我国古代神话中人物，传说他生有一个水晶肚子，为了让人类能有足够赖以生存的食物，他尝遍百草。如果某种植物有毒，他吃了后就要睡半天，而且看到肚子发黑，就告诉人们不要吃；如果吃了某种植物后肚子仍然是红的，则可以采集种子，种植繁育。为此，后人为了纪念他，便把他称为"地皇"。

"人皇"是纪念炎黄部落首领轩辕氏，因为他统一了黄河中上游各分散的部落，建立了一个民族的雏形，实行了对人群的管理，被尊为"人皇"也是不容非议的。

宋代刘若拙奠定道观规模

五代时期，李哲玄的师侄刘若拙为寻访其师叔李哲玄来到了崂山三官庙。据说，这位刘若拙武艺高强，修道很深。

刘若拙来到三官庙以后，便自己组织了一些道人在崂山修建了一所茅庵供奉老子神像。

后来，宋太祖赵匡胤建立了宋朝，他听说了刘若拙的名号以后，便于公元960年召其入京，并封刘若拙为"左街道录"，也就是朝廷掌管道教事务的官员，想把刘若拙留在宫中。

但是，刘若拙并不喜欢宫廷里的生

■ 宋太祖赵匡胤（927年—976年），我国北宋王朝的建立者，出生于洛阳夹马营，祖籍河北涿州。出身军人家庭。948年，投后汉枢密使郭威幕下，屡立战功。951年，郭威称帝，建立后周。960年，他以"镇定二州"的名义，谎报契丹联合北汉大举南侵，领兵出征，发动陈桥兵变，代周称帝，建立宋朝，定都开封。

活，几年后，他坚决要求回崂山，宋太祖挽留不住，只好同意，并敕封他为"华盖真人"。刘若拙回到崂山后，宋太祖又拨给三官庙巨款，要求刘若拙对三官庙进行一次大规模的修缮。

因为刘若拙在崂山上居住的别院叫太清宫，所以后人便把崂山上的三官庙又称为太清宫。太清宫重修后，就基本形成了现在的规模，主要正殿有三官殿、三清殿和三皇殿等。

如今，在现存太清宫三官殿的正门两边，还有刘若拙重修太清宫时，亲手种植的两棵银杏树，这两棵树高25米以上，胸径都有数围，树龄均在千年以上。

■ 太清宫建筑群

五代　五代是指后梁、后唐、后晋、后汉、后周5个朝代权，虽然实力强大，但无力控制整个中国本土。而其他割据一方的藩镇，有些自立为帝，有些奉五代为宗主国。本时期时常发生地方实力派叛变夺位的情况，使得战乱不止，统治者多重武轻文。

逢仙桥石刻

此外，在三官殿通往三清殿的路上，还有一座由刘若拙亲自命名的石桥，桥的旁边有一大石，上面刻着"逢仙桥"三字，旁边还有记载当年宋太祖赵匡胤召见并敕封刘若拙为"华盖真人"的记事。

相传，当年刘若拙在除夕迎神，在这里遇到一位白须飘胸的老翁走上前来与他交谈了两句，刘若拙正想问其姓名，老人却不见了，只在雪地上留下了两个脚印，于是，刘若拙认为自己遇到了仙人，事后在此刻石以证此事。同时，他还为此桥命名为逢仙桥。

再说当年太清宫经过刘若拙等人的一番修建后，崂山道教的名声大振，四方道众，纷纷来此学道修行，崂山道教一时兴盛空前。

道观杰作

道教的十大著名宫观

阅读链接

据说，银杏树和其他树木最大的特点就是有性别之分，而由刘若拙亲手种植的这两棵银杏树都是雄性的。

此外，银杏树还有"白果树"、"公孙树"等别称，那么，为什么叫"公孙树"呢？原来，是因为它生长很慢，爷爷种下的树，到了孙子那一代才能吃到果实，所以在民间有"桃三杏四梨五年，无儿不种白果园"的说法。

保留宋代建筑风格的道观全景

　　太清宫自从宋代刘若拙重修后，又陆续经历过无数次的修缮，但它总是保留着宋代建筑的基本特点和风格，它虽不富丽堂皇，却不乏古朴庄严，是典型的道教殿堂。

　　同时，从宋代起，崂山道教越来越出名，吸引了很多道教徒前来隐居潜修，如徐复阳等人均在此修过道。直到新中国成立前，太清宫内仍有道士13人，修行徒2人。

　　崂山现存的太清宫占地3万平方米，建筑面积2500平方米。庙宇主体分三官殿、三清殿、三皇殿三大部分，另有关岳祠和东西客堂、坤道院等附属设施，共有房屋150多间。

太清宫内大铁钟

道教的十大著名宫观

■ 太清宫内的牌坊

牌坊 又称为牌楼,是我国特有的门洞式建筑,虽然它只是我国古建筑中的"小品",但其古老深厚的历史底蕴和极为丰富的人文内涵使其被公认为是中华文化的象征,加上它具有强烈的装饰、衬托、气氛渲染的风格,自然被广泛地应用到寺观庙宇的建筑中来。

进入太清宫,最先看见的是高8米,宽16米,由底座、立柱、额枋、字板四部分组成的太清宫牌坊,此牌坊修建于1997年,为四柱三门式。

牌坊阳面上部正中写着"崂山太清宫"五字,此字为我国宗教局闵志庭道长题写,牌坊阴面上写着"阆苑圣德"四字,为太清宫道长刘怀远所题。

另外,这牌坊自下而上,分别雕有"事事如意"、"福禄寿"、"鹤鹿同春"、"十二生肖"、"龙形"等雕刻,形象生动,寓意深刻。

从牌坊入口进去,就是太清宫的正门。

进入正门,左右两边分别建有鼓楼和钟楼。俗话说,"晨钟暮鼓",道观内的钟鼓是为了给道士们一种严整的时间观念,提醒他们勤学苦修,不要偷懒。

在钟鼓楼后有两座高大雄伟的建筑,这是新时期修建的元辰阁和元君阁。在元辰阁和元君阁后面，便是太清宫内最早的建筑之一三官殿。此殿后面还有一座为祭祀崂山名道、长春真人丘处机所建的殿宇丘祖殿。殿内供奉的是丘处机的塑像。

从邱祖殿出来，经过逢仙桥，便是三清殿。走出三清殿向东拐，还有一个供奉汉代的关羽和宋代忠将岳飞的殿堂关岳祠。

在关岳祠门口，有一棵金桂树，每到桂花盛开的时候，老远就能闻到金桂花那浓浓的香甜味道。树枝上系满了人们用来"许愿"的红绳。

在金桂树旁边，还有个小亭子，传说这是"蒲松龄写书亭"。相传，蒲松龄到崂山时，曾在此写书。

丘处机 （1148年—1227年），也写作邱处机，因避孔子的名讳，将丘写成邱。字通密，道号长春子，我国金朝末年全真道道士。他为金朝和蒙古帝国统治者敬重，并因远赴西域劝说成吉思汗减少杀戮而闻名。在道教历史和信仰中，丘处机被奉为全真道的"七真"之一，以及龙门派的祖师。

021

海岛上的明珠

崂山太清宫

■ 太清宫内的元辰阁

■ 蒲松龄塑像

蒲松龄笔下的《聊斋志异》共有400多篇故事，其中有8篇是以崂山为题材或以崂山为背景的，如"崂山道士"，"香玉"等。

除殿堂和亭子外，还有崂山的四大名泉之一的"神水泉"。其中，太清宫内的"神水泉"三个字，据说是宋代华盖真人刘若拙的亲笔手迹。

太清宫从初创到现在已经历两千多年的历史，在众多的道教庙殿当中，它是有记载的最早的崂山道教祖庭。因此，又可以说，现存的太清景区是崂山景区中展现道教文化的代表景区。

阅读链接

太清宫内的神水泉，之所以叫它神水泉，是因为它有"三神"：

一神为水质清澈甘甜，矿物质含量丰富，杂质少。据说，崂山道士用过多年的暖水瓶从来没有结过水垢；

二神是大旱三年水不涸，大涝三年水也不溢，无论怎样取水，水平面始终与井口保持一致。只可惜，在这几年的一次修复中，因为施工方面的原因，水位发生些变化；

三神为饮用此泉水，有助于治疗胃溃疡等多种慢性病，达到有病医病无病健身的效果。

北京白云观

龙门祖庭

　　北京白云观是道教全真教派的第一丛林，始建于唐代，几经毁坏重建，从明代起，正式更名"白云观"，是北京历史上最著名、也是北京现存规模最大的道观建筑。

　　此道观位于北京西便门外，是长春真人邱处机羽化之所，也是现代我国道教协会的所在地。由于邱处机被奉为全真龙门派祖师，因此，白云观也被人们称为"全真龙门派祖庭"。

邱处机命令弟子重建太极宫

龙门派 是全真道分衍的支派之一。它承袭全真教法，处于道教衰落的明清时代。由北七真之一的邱处机所传。龙门派尊全真七子之一的邱处机为祖师。尊邱处机的弟子赵道坚为创派宗师。第二代张德纯活到元末，第三代以后进入明代。据此，明代实为龙门派的肇建时期。

■ 白云观内的石狮

看过金庸武侠小说《射雕英雄传》的人都应该知道，在这部小说中，有一个叫邱处机的人，他在小说中的形象是一位豪迈奔放、武艺高强的道士。

那么，这位道士既然是小说中的人物，他又是否是一个虚构的人物呢？

其实，在我国的历史上，是真的有

一位叫作邱处机的道士的。他便是被奉为全真道"七真"之一，以及龙门派的祖师。

这邱处机本是道教全真教创始人王重阳的弟子，王重阳羽化后，他在陕西磻溪洞穴中住了六年，潜心修道。行携蓑笠，人称"蓑衣先生"。后又赴陇州龙门山，即后来的宝鸡市东南地区隐居潜修七年，成为全真龙门派创始人。

1220年，邱处机率领自己的弟子尹志平、李志常、宋德方等18人从中原出发，跋山涉水，风餐露宿，行程万里，历时两年，到达西域大雪山，谒见元太祖成吉思汗。

太祖问邱处机治理天下良策，邱处机回答以"敬民爱民"为本，太祖又问他长生不老之术，邱处机回答要以"清心寡欲"为要，并进言太祖想要统一天下，就不要滥杀无辜。

太祖觉得他的话很有道理，便对他以礼相待，并赐给他"神仙"、"大宗师"的称号。

金末元初，邱处机从西域大雪山出发，回到中原，此时，成吉思汗已经攻下金朝大都燕京，成吉思汗便赠给邱处机虎符及玺书，命他掌管全京城的道教。为了让邱处机能够留在燕京，成吉思汗又把燕京的太极宫赐给邱处机居住。

■ 成吉思汗 孛儿只斤·铁木真（1162年—1227年），蒙古帝国可汗，尊号"成吉思汗"。世界史上杰出的政治家、军事家。1206年春天建国称帝，此后多次发动对外征服战争，征服地域西达中亚、东欧的黑海海滨。1265年10月，元世祖忽必烈追尊成吉思汗庙号为太祖。

■ 唐玄宗 也就是李隆基（685年—762年），亦称唐明皇。712年—756年在位。唐睿宗李旦第三子，母窦德妃。710年6月，李隆基与太平公主联手发动"唐隆政变"诛杀韦后。712年李旦禅位于李隆基，后赐死太平公主，取得了国家的最高统治权。

说起这太极宫，它的前身本来是唐代的天长观。据相关历史书籍记载，它本来是唐玄宗为"斋心敬道"，奉祀老子而修建的，观内至今还有一座汉白玉石雕的老子坐像，据说就是唐代的遗物。

1160年，天长观遭火灾焚烧殆尽。7年后，金世宗完颜雍敕命天长观幸存弟子重修道观，又经过了7年时间，于1174年3月竣工。为了庆贺这次工程的竣工，金世宗完颜雍特意命人在观中举行了两天三夜的大道场，并亲率百官大臣前来观礼。在此次道场结束后，金世宗为此道观赐名曰"十方大天长观"。

1202年，天长观又不幸罹于火灾，仅保存了老君石像。第二年重修后，改名为"太极宫"。

1215年，由于金国国势不振，迁都于河南省开封市，为此，太极宫也就不再受到人们的重视了。

再说，邱处机入住在太极宫后，他看见此道观遍地瓦砾，破烂不堪，便立即命令其弟子王志谨主领兴建，直到3年后，太极宫的各个大殿以及楼台又焕然一新。

1227年，邱处机羽化于太极宫，同年，元太祖颁

虎符 是古代皇帝调兵遣将时使用的兵符，是用青铜或者黄金做成伏虎形状的令牌，劈为两半，其中一半交给将帅，另一半由皇帝保存，只有两个虎符同时使用，才可以调兵遣将。虎符最早出现于春秋战国时期，当时采用铜制的虎形作为中央发给地方官或驻军首领的调兵凭证。

布圣旨改此宫为"长春宫"。

第二年，邱处机弟子尹志平于长春宫的东边修建起一座道院，称为"白云观"，专门用于存放邱处机的遗骨，并为存放地点取名为"处顺堂"。

始建于元代的处顺堂一直保存至今，是白云观建筑群的中心。现存建筑又名邱祖殿，是1443年重建，曾名"衍庆殿"和"贞寂堂"。

此大殿中间摆放的巨瓢名曰"瘿体"，系一古树根雕制而成。钵口上镶有金边，且刻有18个字"大清乾隆二十一年奉旨重修髹金仍供本观"。此为清朝乾隆皇帝所赐，据说，乾隆皇帝特许道观内道士可用此钵到皇宫募化，宫中人必定施舍。邱处机祖师的遗骸就埋葬于此"瘿钵"之下。

王志谨（1177年—1263年），又叫王栖云，元代全真道士，法号志谨，又称栖云真人。从小便与佛有道缘，便去长至山东拜郝太古为师，道法大有长进。太古仙逝以后，他即在盘山开门授徒，讲道论玄，四方学者云集。元朝时，赐号"惠慈利物至德真人"。

■ 白云观内邱祖殿

■ 白云观的三清四御殿

殿的左右两壁上，挂有两幅梅花篆字《道德经》碑帖，为元代大书法家高文举手书。此碑帖劲力苍古，风韵独特，字体介于石鼓文和大篆之间，其绚丽的风采，群众誉为"近看是字，远看是花"，给人以朵朵梅花之感。该碑现在存于陕西省周至县楼观台。

由于龙门派祖邱处机在元代主持本观，他羽化后又将遗骸放入此地，所以后来全真派的道徒们便尊白云观为龙门祖庭。

道观杰作

道教的十大著名宫观

阅读链接

关于白云观还有这样一个传说：

邱处机真人从大漠回来以后，奉命重建白云观。建好后，过了没多久有一位王姓和尚为压倒白云观，在观的西面建了一座佛刹，起名曰"西风寺"，内中暗藏玄机，用意为"卷起西风，让白云无影无踪"。

白云观的道长看在眼里，心里全都了然，这时白云观大殿前正在修建的一座石桥要竣工了，老道长便把这桥叫"窝风桥"，西风再厉害，也过不了这桥。后来白云观香火越来越旺，老和尚派人偷偷进观考察，这才得知是一座"窝风桥"在发挥作用。

明代重修后奠定中路布局

元代末年，由于连年战争，白云观不再受到人们关注，原有的殿宇也一天比一天破败，直到明王朝的建立，才让一度冷落了的白云观又出现了新的生机。

1394年，燕王朱棣命人再建长春宫，建成前后两殿。1395年，燕王来此观礼。1396年，世子朱高炽亦来此观礼。

1403年，明成祖朱棣敕命以处顺堂为中心进行扩建，此后，太监刘顺于此创建了三清

■朱棣（1360年—1424年），明朝第三位皇帝，明太祖朱元璋第四子。生于应天，时事征伐，受封为燕王，后发动靖难之役，起兵攻打侄儿建文帝。1402年夺位登基，改元永乐。他五次亲征蒙古，巩固了北部边防，维护我国版图的统一与完整。

■ 白云观的玉皇殿

朱高炽（1378
年—1425年），
明成祖朱棣的长
子。于1424年8月
登基，成为明朝
的第四位皇帝。
他生性端重沉
静，言行识度，
喜好读书。由于
他的儒雅与仁爱
深得皇祖父朱元
璋的喜爱。但他
身形较胖，导致
身体较弱。在位
期间发展生产，
为"仁宣之治"
打下基础。

大殿，住持倪正道又与内官协力创建玉皇殿。正统五年（1440），寺内道人又重建了处顺堂。经过一系列的扩建，道观始定现在的规模。

这些殿堂和建筑的修建，让白云观再次热闹起来。到了1443年，明英宗再次命人重新补修了道观的各个大殿，并正式将此道观改名为白云观。

在现存的白云观中，建筑群体分为中、东、西三路，其中，中路部分的众多殿堂都是在明朝时期修建起来的。这些建筑主要有灵官殿、三官殿、玉皇殿、财神殿、救苦殿、老律堂、药王殿和三清四御殿等。

其中，灵官殿始建于明英宗正统八年（1443），明代宗景泰七年（1456）和清康熙元年（1662）均有修建。殿内主要供奉道教护法神王灵官。神像为明代木雕，高约1.2米，比例适度，造型精美。红脸卷须，怒目圆睁，左手掐诀，右手执鞭，形象威猛。其左边墙壁上为赵公明和马胜画像，右边墙壁上为温琼和岳飞画像，这就是道教的四大护法元帅。

白云观内现存的三官殿原名"丰真殿"，殿内供奉的是天、地、水"三官大帝"。中座为天官，即上元一品天官赐福大帝；左边为地官，即中元二品地官赦罪大帝；右边为水官，即下元三品水官解厄大帝。

白云观内现存的玉皇殿始建于1438年，清康熙元年重修。原名"玉历长春殿"，1706年改名为玉皇殿。殿内供奉着玉皇大帝，全称是："昊天今阙至尊玉皇大帝"，又称"玄穹高上玉皇大帝"，简称"玉帝"或"玉皇"。

此雕像身着九章法服，头戴十二珠冠旒，手捧玉

■ 白云观的三官殿

道观杰作

道教的十大著名宫观

笏，端坐龙椅。神龛上此像为明代木雕像，高约1.8米。神龛前及两边垂挂着许多幡条，上面绣有许多形体颜色各异的篆体"寿"字，一共是100个，所以被称为"百寿幡"。

这是清朝慈禧太后60大寿时，为乞求玉帝保佑身康体泰、延年益寿而赐赠白云观的供品。

玉帝雕像的左右两侧是六尊明代万历年间所铸造的铜像，他们即是玉帝阶前的四位天师和两个侍童。

此外，殿壁四周还挂有南斗六星、北斗七星、三十六帅、二十八星宿的绢丝工笔彩画共八幅，均为明清时代佳作。

白云观内现存的财神殿原名"儒仙殿"。殿内供奉三位财神。中座为文财神比干，左边为武财神赵公明，右边为武财神关羽。

位于财神殿之后的是救苦殿，此殿原名"宗师殿"，殿内供奉的是太乙救苦天尊。太乙救苦天尊，也是就是太乙真人，他骑九头狮子，左手执甘露瓶，右手执宝剑。

据道经说，太乙救苦天尊是天界专门拯救不幸堕入地狱之人的大慈大悲天神。受苦难者只要祈祷或呼喊天尊之名，就能得

■ 玉皇殿内的精美壁画

■ 白云观的救苦殿

到救助，化凶为吉。民间盛传《拔度血湖宝忏》是由
太乙救苦天尊所传授的。

　　白云观内现存的老律堂原名七真殿，因清代高道
王常月祖师曾奉旨在此主讲道法开坛传戒，求戒弟子
遍及大江南北，道门玄风为之一振，后世为纪念道教
史上这一中兴时期，便将此殿改名为"老律堂"。
"律堂"即传授戒律的殿堂。

　　老律堂内供奉全真派七位阐道弘教祖师，中座为
长春全德神化明应真君邱处机，左座依次为长生辅化
宗元明德真君刘处玄、长真凝神玄静蕴德真君谭处
瑞、丹阳抱一无为普化真君马钰，右座依次为玉阳体
玄广慈普度真君王处一、广宁通玄妙极太古真君郝大

王常月 明末清初
著名道士，俗名
平，法名常月，
号昆阳，山西长
治人。属全真龙
门派，为全真道
龙门支派律宗的
第七代律师，他
最大的贡献，在
于让本已衰落的
龙门派复兴，可
说也是令全真的
复兴，甚至可以
说是整个道教离
现今时代最近一
次的复兴。王常
月本人也被誉为
"中兴之祖"。

泥塑 即用黏土塑制成各种形象的一种民间手工艺。发源于宝鸡市凤翔县。流行于陕西、天津、江苏、河南等地。2006年入选我国非物质文化遗产。流传民间3000年之久，是至今我国保留最古老、最具民族特色的泥塑类手工制品。

通、清静渊真玄虚顺化元君孙不二。

白云观内现存的药王殿原名"宗师殿"，殿内供奉的是唐代著名道士、医学家孙思邈。他著有《千金要方》、《千金翼方》等多种著作，在我国医学和药物学方面做出了极大贡献，因而被后世尊称为药王。

建于1428年的三清四御殿，原名"三清大殿"，殿内供奉的是三清。清康熙元年（1662）改建为二层阁楼，乾隆年间又改为三清四御殿，上层供奉三清，下层供奉四御。

其中，上层的三清像为明朝宣德年间所塑造，高2米有余，神态安详超凡，色彩鲜艳如初，富丽而又不失古朴。下层的四御即是辅佐玉皇大帝的四位天帝：勾陈上宫天皇大帝、南极长生大帝、中天紫微北极大帝和后土皇地祇。这些都是清代中期泥塑金漆沥粉造像，高约1.5米。殿前院子中的鎏金铜鼎炉，为

■ 白云观的老律堂

救建白云观匾额

明嘉靖年间所铸造。香炉造型浑厚，周身雕铸着精美的云龙图案，共有43条金龙。

除了以上这些殿堂之外，白云观内原山门上，还悬挂了一副名为"救建白云观"的匾额，这是当年明英宗皇帝所赐之物。此匾额是生铁铸造而成，其寓意是企望白云观坚固持久，像铁铸一般。正是如此，从明代起，白云观便有了"铁打的白云观"之美誉。

阅读链接

在白云观的药王殿内墙壁上，还有一副孙思邈医龙救虎图，里面讲述的是这样一个故事：

据说，海中一小龙外出游玩，曾化为一蛇，被一小孩所伤，后被孙思邈所救，替它针灸用药而致康复。小龙回到龙宫后告诉龙王。为感谢大恩，龙王送给孙思邈许多金银财宝，但都被他拒绝了。后来龙王送给他两部著名医书《千金要方》和《千金翼方》，孙思邈潜心研究，终成一代药王。

由于孙思邈的医技高超，连深山老虎都知道。一天，一只老虎口中受伤，便跑到孙思邈身边毫无恶意地伏下身子，请求医治。于是，孙思邈就在虎口中先放上一个铁环，然后将手伸进去给老虎手术用药。治愈后，老虎感动得流出了眼泪。后来这铁环就被称之为"虎衔"。

王常月指挥组建东西路建筑

清代康熙年间，有个明末遗少，他对满洲人入主华夏非常忿恨。怏怏不乐，但又无力匡扶明室。于是，他决心一生不去参加清朝的考试博取功名，最后便跑到华山当了道士。这位道士便是全真道龙门

白云观内道教弟子说法的云集山房

■ 康熙皇帝（1654年—1722年），原名爱新觉罗·玄烨，清朝第四位皇帝、清定都北京后第二位皇帝。他8岁登基，在位61年，是我国历史上在位时间最长的皇帝。他是我国统一的多民族国家的捍卫者，奠定了清朝兴盛的根基，开创出康乾盛世的局面。

支派律宗的第七代律师王常月。

几年后，王常月在华山的道教修行圆满结束。之后，他便下山去了京城。

此时，由于战乱，京城里白云观的道士们为了避祸都走光了，而住在京城的僧人们却一心想要抢占这座庙宇，并为此发生了多起争夺事件。主管此事的九门提督，急忙奏知康熙皇帝，想让康熙想办法制止抢占事件的再次发生。

王常月来到京城之后，康熙帝即任命他为白云观的新任主持，这样一来，京城的僧人们便不再去白云观捣乱了。

不过，这时的白云观，由于修建的年代久远，很多殿堂都非常破烂，为此，王常月当上主持后不久，便向康熙请示，要求修复道观。在康熙帝的帮助下，白云观再次迎来了一次大的修整。

1706年，康熙帝命内帑重建道观，修复了道观内山门牌楼、石桥、钟鼓楼，以及灵官殿、三官殿、玉皇殿和财神殿等中路殿堂，并扩建了道观的西路建筑

九门提督 是我国清朝时期的驻京武官，正式官衔为"提督九门步军巡捕五营统领"，主要负责北京内城正阳门、崇文门、宣武门、安定门、德胜门、东直门、西直门、朝阳门、阜成门9座城门内外的守卫和门禁，还负责巡夜、救火、编查保甲、缉捕和断狱等，实际为皇室禁军的统领，品秩为"从一品"。

■ 赵孟頫（1254年—1322年），字子昂，号松雪，松雪道人，又号水精宫道人、鸥波，中年曾作孟俯，汉族，浙江湖州人，元代著名画家。他博学多才，能诗善文，特别是书法和绘画成就最高，开创元代新画风，被称为"元人冠冕"。他与欧阳询、颜真卿、柳公权被称为楷书四大家。

神特、祠堂院、八仙殿、吕祖殿、元君殿、文昌殿和元辰殿，以及东路建筑三星殿、慈航殿、真武殿、雷祖殿和道众宿舍等。经过这次修复，白云观焕然一新，又重新迎来了众多道士的加入并学法传教。

之后，王常月祖师在此传戒10次，度弟子千余人，大振玄风。白云观也从此声名大噪，享誉大江南北，前来求戒和参访的道友络绎不绝，整个全真道兴盛起来。

白云观内的现存格局基本上就是在这一时期固定下来的，道观内中路以山门外的照壁为起点，依次有照壁、牌楼、华表、山门、窝风桥、灵官殿、钟鼓楼、三官殿和财神殿等各大殿。

其中，白云观内的照壁又称影壁，位于道观正前方，正对牌楼。壁上嵌有"万古长春"四个大字，为元代大书法家赵孟頫所书。其字体遒劲有力，令人叹赏不绝。

牌楼原为棂星门，是观中道士观星望气之所。后来棂星门演变为牌楼，已失去原来的观象作用。

白云观内的现存牌楼兴建于1443年，为四柱七层、歇山式建筑。

照壁 是我国传统建筑特有的部分，明朝时特别流行，一般讲，在大门内的屏蔽物。古人称之为"萧墙"。在旧时，人们认为自己宅中不断有鬼来访，修上一堵墙，以断鬼的来路。另一说法为照壁是我国受风水意识影响而产生的一种独具特色的建筑形式，称"影壁"或"屏风墙"。

白云观内山门为石砌的三券拱门，三个门洞象征着"三界"，跨进山门就意味着跳出"三界"，进入神仙洞府。山门石壁上雕刻着流云、仙鹤、花卉等图案，其刀法浑厚，造型精美。中间券门东侧浮雕中隐藏着一个巴掌大小的石猴，已被游人摸得锃亮。

老北京有这样的传说："神仙本无踪，只留石猴在观中。"这石猴便成了神仙的化身，来白云观的游人都要用手摸摸它，讨个吉利。观内共有小石猴三只，分别藏在不同的地方，若不诚心寻找，难以见到，所以有"三猴不见面"之说。

过了山门，便是窝风桥，这是一座南北向的单孔石桥，桥下并无流水。

白云观的钟鼓楼，在建筑布局上与其他宫观的钟鼓楼截然相反，其钟楼在西侧，鼓楼在东侧。据说，

仙鹤 传说中的仙鹤，就是丹顶鹤，人们常把它和松树绘在一起，作为长寿的象征。道教中丹顶鹤飘逸的形象已成为长寿、成仙的象征。在我国古代的传说中，仙鹤都是作为仙人的坐骑而出现的，可见仙鹤在国人心中是相当有分量的。

■ 白云观内的三券拱门

这是因为，在明代重修时，保留了原来的钟楼，在钟楼之东新建鼓楼，才形成了现在所见的格局。

白云观西路建筑群中，排在第一位的是一匹酷似骏马的铜兽神特，走近细看，其造型竟为骡身、驴面、马耳、牛蹄，因此，很多人称它为"四不像"。其实，它的正名叫"特"。传说它是一种神兽，具有奇特的功能，人哪儿不舒服，只要先摸摸自己，然后再摸摸它的相同部位，即可手到病除。

在神特之后，便是八仙殿。此殿建于1808年，殿内供奉着汉钟离、吕洞宾、张果老、曹国舅、李铁拐、韩湘子、蓝采和、何仙姑八位道教仙人塑像。

西路建筑群中的吕祖殿建于清朝光绪年间，殿内

■ 白云观的鼓楼

供奉的是八仙中影响最大、传闻最广的吕洞宾祖师。

■ 白云观内神特

白云观中的元君殿内供奉的是道教女神。中座为天仙圣母碧霞元君，左座分别为催生娘娘和送子娘娘，右座分别为眼光娘娘和天花娘娘。

在旧社会，女人们最担心的就是不育、难产，产后又担心婴儿出天花、闹眼疾、夭折或落下残疾，而这里的四位娘娘正好掌管这一切，所以这里的香火非常旺盛。

文昌殿位于元君殿之后，殿内供奉的是掌管人间功名禄位的文昌帝君。

西路建筑群中的最后大殿元辰殿俗称"六十甲子殿"，里面供奉的是六十甲子神和斗姆元君。六十甲子源于我国古代的干支纪年法。即是用甲、乙、丙、丁、戊、己、庚、辛、壬和癸十天干，与子、丑、寅、卯、辰、巳、午、未、申、酉、戌和亥十二地支

斗姆元君 道教神名。简称斗姆，也称斗母元君。"斗"指北斗众星，"姆"指母亲。道经云，她"为北斗众星之母"。传说，斗姆原为龙汉年间周御王的爱妃，号紫光夫人，先后为御王生下九子。长子为天皇大帝，次子为紫微大帝，余七子分别为贪狼、巨门、禄存、文曲、廉贞、武曲、破军，即北斗七星。

■ 元辰殿内的塑像

■ 白云观的慈航殿

循环相配，由甲子起，至癸亥止，一个周期刚好为60年，故名"六十甲子"，意为60年另起一甲子。这六十甲子神都各有名号。

白云观的东路建筑群中，三星殿又名"华祖殿"，里面供奉的是神医华佗和福、禄、寿三星真君神像。

慈航殿在清朝时为"火祖殿"，供奉着火德真君。2000年重修后改为"慈航殿"，供奉的是观音菩萨。真武殿，始建于清朝乾隆年间，2000年重修，奉祀真武大帝。

雷祖殿内供奉的主神为九天应元雷声普化

天尊，陪祀风、雨、雷、电
四位雷部天将。殿内神像均
为明代所铸铜像。此外，位
于道观内东北角塔院内，还
有一座造型为八角形，三层
砖石结构的古塔，名为罗公
塔，也称真人塔。

此塔是道教塔中的精
品，也是清代前期大型石刻
艺术品，建于1725年。塔为
石质，通高约10米，形似亭
阁，但又有所不同，底为一
仰莲须弥座基台，上建八角

形塔身，塔身上覆三重檐屋顶，星檐的椽子，飞头，
瓦陇、脊兽、隔扇窗等，雕刻得与木结构形制相同，
还雕有道教象征八卦的图案。用藏传佛教寺庙常用的
密叠斗拱作装饰，塔顶用小八角亭式，上冠以大圆
珠，与一般佛塔的塔刹又不相同。千年富观，仅此一
塔，可见它的珍贵。

■ 白云观的罗公塔

塔前原来供有罗公像的"罗公前殿"和"白云观
重修碑"、"罗真人道行碑"、"粥场碑记"、"云溪方丈
功德碑"四块石碑，现在仅存罗公塔。

这位罗公为江西人，在康熙年间来京，常住白
云观，1727年逝世，被雍正帝敕封为"恬淡守一
真人"。

民间传说他创造了剃头理发的工具和按摩术，传

华佗 东汉末医
学家，字元化，
一名旉，汉族，
今安徽亳州人。
华佗与董奉、张
仲景并称为"建
安三神医"。华
佗是东汉末年著
名医学家，少时
曾在外游学，钻
研医术而不求仕
途。他医术全
面，尤其擅长外
科，精于手术，
被后人称为"外
科圣手"、"外科
鼻祖"。

■ 雍正帝（1678年—1735年），清世宗爱新觉罗·胤禛，满族，是清朝第五位皇帝，入关后第三位皇帝，康熙帝的第四子，母为孝恭仁皇后。1722年至1735年在位，在位时期，实行"改土归流"、"火耗归公"与"打击贪腐"等一系列铁腕改革政策，对康乾盛世的连续具有关键性作用。

入皇宫后得到雍正帝的赞赏，旧时理发行业尊奉罗真人为祖师爷。

除罗公塔外，现存白云观的后院还有一个清幽雅静的花园，名云集园，又称小蓬莱。

进入现代，古老的白云观已成为首都北京的一大名胜，以其独特的魅力吸引着海内外众香客游人。每年春节的民俗庙会，更是游人如织，热闹非凡。白云观已成为人们了解我国道教文化与传统习俗的重要窗口。

2001年6月25日，白云观作为清代古建筑，被国务院批准列入第五批全国重点文物保护单位名单。

蓬莱 位于胶东半岛最北端，是山东省管辖的县级市。濒临渤、黄二海，东临烟台，南接青岛，北与天津、大连等城市及朝鲜半岛隔海相望。蓬莱自古就被誉为"人间仙境"，八仙过海的传说就发生在这里。

阅读链接

据说，这王常月初当主持时，由于道观内道士很少，他便每次烧香时默默祷告，乞求各路的神仙来保佑他。也许是他的诚心感动了神仙，于是，传说中的八仙也下凡间来帮助他。

当时，吕洞宾在白云观当知客，韩湘子当知随，张果老当大殿主，曹国舅当化主，蓝采和当巡察，铁拐李在厨房当大火头，人们听说后，都想来道观中见识这些神仙，于是白云观的香火也就一天比一天旺盛了。

泰山岱庙

　　岱庙旧称东岳庙或泰山行宫。位于山东泰安市区北，泰山南麓。它是泰山最大、最完整的古建筑群，也是寺庙建筑中规格最高的，为道教神府，是历代帝王举行封禅大典和祭祀泰山神的地方。

　　此庙创建历史悠久，始建于汉代，至唐代时已殿阁辉煌。其建筑风格采用帝王宫城的式样，庙宇巍峨，宫阙重叠，气象万千。它与北京故宫、山东曲阜三孔、承德避暑山庄，并称为我国四大古建筑群。

秦汉时为帝王举行祭典而建

  泰山地处华北大平原的东部，山东省中部，总面积约2000平方千米。它的主峰是玉皇顶，海拔1545米。因其优越的地理位置，从古至今便被人们誉为"五岳之首"、"五岳独尊"。它雄伟壮丽，风光旖旎，历史悠久，文物众多，既是中华民族的象征，又是我国历史文化

岱庙北门

的局部缩影。

在这样的一座蕴涵着华夏民族历史文化的山上，有一座专供我国历代封建帝王举行封禅大典和祭祀泰山神的场所，这便是旧称"东岳庙"，又叫泰庙，主祀"东岳泰山之神"的岱庙。

据说，这座寺庙的创建历史非常悠久，西汉史料始有"秦即作畤，汉亦起宫"的记载，随着泰山神信仰的逐步增大，岱庙的规模也日益增大。在现存的泰山岱庙中，有许多当时留下的文物古迹。

现存的岱庙城堞高筑，周长1500米，高10米，四周有八个门，向正南开的共五个，中为正阳门，正阳门两侧为掖门，东掖门名为炳灵门，西掖门名为延禧门，掖门两侧东为仰高门，又称东华门，西为见大门，又称西华门，意思就是说仰望泰山之高，目睹泰山之大。

其中，在正阳门外，有个叫"遥参亭"的二进院落，据说是秦汉时期最早建立的大殿，现在是岱庙的

封禅 封为"祭天"，禅为"祭地"，是指我国古代帝王在太平盛世或天降祥瑞之时的祭祀天地的大型典礼。它是古代统治者举行的一种祭祀天地的礼仪。古人认为群山中泰山最高，为"天下第一山"，因此人间的帝王应到最高的泰山去祭过天帝，才算受命于天。此项礼仪起源于上古的夏商周三代。

仪门 旧时官衙，即府第的大门之内的门，也指官署的旁门。在古代，"衙门"或"官邸"辕门内具有"威仪"点缀的正门，称为仪门。有的旁门也借称"仪门"。有的后门也可以称为"仪门"。明代和清代的官署、邸宅大门内的第二重正门。仪门一称取自于孔子的第三十二代孙孔颖达的《周易正义》中的："有仪可象"之句而得名。

■ 岱庙全景

前庭，也是进入岱庙的第一建筑群。

这里的"遥参"也有遥遥祭拜的意思。古代帝王每逢来泰山举行封禅和祭祀大典时，都先要在这里举行简单的参拜仪式，以表示对泰山神的虔诚。因此，此亭在古时又称"草参亭"。现在的名字是1534年，由山东参政吕经升任副都御史，临行前修改的，一直沿用至今。

岱庙现存的遥参亭为过亭式院落，东西宽52米，南北长66.2米，总面积3442.4平方米。主要由南山门、仪门、正殿、方亭、北山门等建筑群组成。院中正殿五间，建在院中心长方形台基上面，宽10.8米，进深7.75米，通高7.9米，为四柱五梁、九脊单檐歇山式，黄瓦盖顶。正殿内供奉的是碧霞元君塑像，两侧为东西配殿各两间。

这些建筑群体依次坐落在通天街至岱庙的轴线

上，正殿左右置配殿及厢房，其中轴线与岱庙中轴线一致。

岱庙内的遥参亭是一组独立的建筑，但与岱庙在内涵上又是统一的，由于它的存在，把岱庙神秘而庄严的气氛烘托得更加浓厚。这种既独立又统一的建筑风格，不仅在五岳中独树一帜，在我国现存古建筑中也是不多见的。

另外，此亭在唐代又曾被叫作"遥参门"，为此，民间又有"参拜泰山神，先拜遥参门"之说。

穿过遥参亭，迎面而立的"岱庙坊"是1672年山东布政使施天裔创建。坊高12米，宽9.8米，深3米，为四柱三门式。坊起三架，重梁四柱通体浮雕。

四柱前后流通墩上雕有八个石狮，姿态各异；重梁四柱刻有"丹凤朝阳"、"二龙戏珠"、"群鹤闹莲"、"天马行空"等20余组形象逼真的祥禽瑞兽和各式花

卉纹样。整座石坊造型别致，刻镂透细不凡，为清代石雕艺术中之珍品。

除了遥参亭以外，岱庙内还有众多从秦汉时期遗留下来的古碑和石刻。这些碑刻几乎集我国古代书法之大成，上追晋代"二王"王羲之和王献之，下承宋朝"四大家"苏轼、黄庭坚、米芾和蔡襄。字体真草隶篆，体例俱全；颜柳欧赵，风格各异，具有很高的历史文物价值和书法艺术价值。

■ 岱庙内《张迁碑》石刻

■ 岱庙内古碑

其中，最为著名的有在新中国时期挖掘出土的48块汉画像石。这些汉画像石，内容丰富，取材广泛，有的反映车马出行、乐舞百戏等社会生活，有的描述

■ 秦始皇嬴政（前259年—前210年），嬴姓赵氏，故又称赵政，汉族，生于赵国首都邯郸。首位完成我国统一的秦朝的开国皇帝，秦庄襄王之子，13岁即王位，39岁称皇帝，在位37年。把我国推向了大一统时代，为建立专制主义中央集权制度开创了新局面。明代思想家李贽誉其为"千古一帝"。

神话故事，也有反映历史人物的。画面图案工整，造型生动。在雕刻技法上，把我国传统的画技同线刻、浮雕糅合一体，体现出古拙质朴、雄健壮美的特点，是研究我国古代文化艺术和东汉社会生活的重要实物资料。

此外，寺内还有一方驰名中外的"名山刻石之祖"《泰山秦刻石》，上面镌刻的是秦始皇功德铭和秦二世诏书。诏书内容为丞相李斯书写，他以简练秀雅的小篆代替了当时笔画繁赘的大篆，字迹刚劲挺拔，一扫众家肥呆之气，碑文共222字，后渐泯灭，至明嘉靖年间尚存29字，原立在岱庙顶峰的玉女池旁，后经沧桑沉沦，几次失而复得，现在唯剩下10个残字，完整者7个。堪称为稀世之宝，被列为国家一级文物。

阅读链接

泰山的岱庙最早起源于古人对泰山的崇拜。后来经过不断传播，发展成影响全国的信仰。隋唐以后，凡是有泰山信仰的地区几乎无不建有东岳庙，所以历史上有"东岳之庙，遍于天下"的说法。

特别是唐玄宗封禅泰山告成后，首封泰山神为"天齐王"，对全国各处修建东岳庙起到重大推动作用。许多碑记都记载全国郡县普建东岳庙始于盛唐封禅。如元孟淳《长兴州修建东岳行宫记》曰："自唐封禅，郡县咸有之。"

宋真宗亲自下诏扩建岱庙

1008年，宋、辽在澶渊交战，宋真宗虽大胜辽军，却签订了由宋朝送给辽以岁币银10万两，绢20万匹，换得辽军撤走的屈辱条约，历史上称为"澶渊之盟"。

宋真宗为了平息朝野的怨愤之情，巩固其统治地位，他采纳了副宰相王钦若策谋的"天降诏书"的骗局，于同年十月率领群臣，车载"天书"来到泰山，举行了隆重的答谢天恩告祭大礼，并定于每年六月初六为"天贶节"。

宋真宗封禅泰山以后，龙颜大悦，为了感谢"天书"，在告祭大典的第二

■ 宋真宗（968年—1022年），宋朝第三位皇帝，名赵恒，宋太宗第三子，997年继位，1022年崩，享年55岁，在位25年。在其统治时期治理有方，北宋的统治日益坚固，国家管理日益完善，社会经济繁荣，北宋比较强盛，史称"咸平之治"。

年，下诏大规模地扩建岱庙。据《重修泰岳庙记碑》所载，经过此次扩建后，此庙有"殿、寝、堂、阁、门、亭、库、馆、楼、观、廊、庑八百一十有三楹。"

在岱庙内现存的古迹中，中轴线最为著名的建筑正阳门、配天门、仁安门、天贶殿和后寝三宫，据说就是在宋真宗时期始建的。岱庙的正阳门位于遥参亭

■ 岱庙内的正阳门

的岱庙坊之后，是进入岱庙的第一正门，两扇朱红大门，门上镶有81个铁制馒钉，象征着岱庙的尊严，古时候只有帝王才能从此门进入。由于此门始建时间久远，到新中国成立时，此门已是裂痕斑斑，门上方的城楼也被历史的风雨吹打得烟消云散。

为此，我国文物管理者们于1985年按照宋代建筑风格重新修建了此门。现存的正阳门门高8.6米，上面的城楼高11米，共五间，为九脊单檐歇山顶，24根四方明柱，四周镶嵌着条棂隔，上面覆盖黄色琉璃瓦，24根四方明柱，檐下斗拱出三翘四，墨线大点金彩绘，额枋金龙飞舞，远远望去翘檐翼然，翩翩欲飞。

从正阳门进去，便是始建于北宋大中祥符二年，也就是公元1009年的配天门。此门取孔子的"德配天地"而命名，是现存岱庙的第二道大门。

配天门面阔五间，进深三间，单檐歇山式建筑，

澶渊 古湖泊名。也叫繁渊。故址在今河南濮阳县西。春秋卫地，《春秋》襄公二十年，即公元前553年：晋齐等诸侯"盟于澶渊"，即此。历史上北宋与辽国的"澶渊之盟"亦发生在此。

斗拱出三翘四 斗拱是我国建筑特有的一种结构。在立柱和横梁交接处，从柱顶上的一层层探出呈弓形的承重结构叫拱，拱与拱之间垫的方形木块叫斗。两者合称斗拱。出三翘四则是对角梁的做法。

道观杰作

道教的十大著名宫观

■ 岱庙内的配天门

谏官 是我国古代官职之一，又称"谏臣"，是对君主的过失直言规劝并使其改正的官吏。谏官的设置比监官早。春秋初年齐桓公设大谏，为谏官设置之始。晋国的中大夫、赵国的左右司过、楚国的左徒，都属于谏官性质。

殿内原祀青龙、白虎、朱雀、玄武四方星宿。两侧原有配殿，东为"三灵侯殿"，殿内供奉着周朝谏官唐宸、葛雍、周武三人。相传，宋真宗东封时，在南天门见三神人，便为此加封为"三灵侯"，后来建于此殿中供奉。现存的配天门内的神像早已被毁，在殿中间陈列有泰山石上刻《泰山石敢当》。

创建于北宋大中祥符年间的仁安门是现存岱庙的第三道门，此门取孔子语"仁者安仁"而命名，意思就是说：以仁义治理天下，天下则安。

现存的仁安门于元代重建，建筑结构与配天门雷同，殿内原祀天聋、地哑之神，两侧有东西门神。

大殿内门中的"天下归仁"四个大字是采用唐明皇李隆基所写《纪泰山铭摩崖》石碑上的字，四侧回廊是1999年重修恢复元以前的形式，匾额由我国建筑学家陈从周所题。

配天门的西侧有碑碣20块，最著名的是《宣和碑》和《祥符碑》，双碑高大雄伟，东西对峙，龟趺螭首，气势非凡，为岱庙现存两大碑碣。

配天门西南方的"唐槐院"，原有"大可数抱，枝干荫亩许"的唐槐，民国年间，由于战乱，古槐备受摧残，渐渐枯死。1952年，岱庙主持尚士濂又在枯槐干中植小槐一株，并取名"唐槐抱子"。如今新槐已成大树，扶疏郁茂，又成为岱庙一大佳景。

唐槐之东原有延禧殿、藏经殿、环咏亭、雨花道院，皆毁于民国年间。1984年，在藏经堂旧址上新建仿古文物库房48间，内藏泰山历代珍贵文物4000余件，古书籍3000余册。

在仁安门的后面，是和配天门在同一时期修建的天贶殿，它是现存岱庙的主体建筑，为东岳大帝的神宫。

此殿又叫峻极殿，建于长方形石台之上，三面雕栏围护，东西长43.67米，南北宽17.18米，高22.3米，殿阔九间，进深四间，重檐八

■ 岱庙内龟趺螭首的石碑

055

东岳神府

泰山岱庙

道教的十大著名宫观

冕旒 专指皇冠。我国古代帝王戴的皇冠，其顶端有一块长形冕板，叫"延"。延通常是前圆后方，用以象征天圆地方。延的前后檐，垂有若干串珠玉，以彩线穿组，名曰："冕旒"。据说，置旒的目的是为了"蔽明"，意思是说，一个身为领袖的人，必须洞察大体而能包容细小的瑕疵。

角，斗拱飞翘，上覆黄琉璃瓦，檐间悬挂"宋天贶殿"的巨匾，檐下八根大红明柱，柱上有普柏枋和斗拱，外槽均单翘重昂三跳拱，内槽殿顶为四个复斗式，余为方形平棋天花板。

整座大殿栾栌叠耸，雕梁彩栋，贴金绘垣，丹墙壁立，峻极雄伟，虽历经数朝，古貌犹存，它同北京故宫的太和殿、曲阜孔庙的大成殿并称我国古代三大宫殿式建筑。

天贶殿内供奉泰山神即东岳大帝。此神像面容肃穆，气氛庄严。像高4.4米，头顶冕旒，身着衮袍，手持圭板，俨然帝君。民间传说此神为黄飞虎。

《封神演义》中，姜子牙奉太上元始天尊敕命，封屡树战功的武将黄飞虎为"东岳泰山天齐仁圣大帝"，命他总管天地人间的吉凶祸福。

■ 岱庙天贶殿

东岳大帝神像上悬清康熙皇帝题"配天作镇"匾，门内上悬乾隆皇帝题"大德曰生"匾。像前陈列明、清铜五供各一套及铜鼎、铜釜、卤簿等。

殿内东、西、北墙壁上绘有巨幅壁画，名《泰山神启跸回銮图》，长62米，高3.3米，描绘泰山之神出巡的盛况。东半部是出巡，西半部是回銮。整个画面计675人，加以祥兽坐骑、山石林木、宫殿桥涵，疏密相间，繁而不杂，是我国道教壁画杰作之一。

此外，大殿东次间还有明代铜铸"照妖镜"一架，原在遥参亭，1936年移此。

现存的天贶殿前宽阔的大露台分上下两层，中间是明万历年间铸造的大香炉。露台两侧各有一座御碑亭，内立乾隆皇帝拜谒岱庙的诗碑。

露台下古柏相夹的甬道向南延伸，尽头是一个方形石栏小池，俗称"阁老池"。皇帝举行大典参拜泰山神时，群臣就恭候在这里。池内及周围九块姿态怪异的太湖石是1209年泰安县令吴衍与其母王氏所献。每块石头各具特色，仔细观赏耐人寻味。

甬道中间有一玲珑石卓然而立，名为"扶桑石"。据说此石从东海运来，东方是日出之地，有神

■ 岱庙天贶殿内景

卤簿 指我国古代帝王驾出时意从的仪仗队。他们是我国封建社会帝王制度的重要的组成部分。是专门也是直接为帝王的重大活动服务的。卤簿在汉代已经出现，由于帝王出行的目的不同，仪式也各有别。自汉代以后亦用于后妃、太子、王公大臣。唐制四品以上皆给卤簿。

■ 岱庙内香炉

冤魂 通常指枉死的人的灵魂。若一个人生前遭人误会、冤枉而被杀或自尽，死后不能投胎转世，便会在阳间徘徊，或寻找好心人替自己申冤，或直接对害死他的人进行报复。在民间迷信中，冤魂的念力和怨气都比一般的鬼要强。

木扶桑，亦有扶桑之国。此石还有一个俗名为迷糊石，以石洞为中心将双眼闭上，绕石头正转三圈反转三圈，然后往北走，去摸天贶殿旁的一棵古柏的树心，摸到的人泰山神会赐予他大福大贵。

扶桑石北面有一株古柏独立阶下，名为"孤忠柏"，民间传说唐朝女皇帝武则天怀疑自己的儿子也与大臣石忠谋反，便将其杀害，石忠冤魂不散，便来到东岳大帝前告武则天灭子之状，从而化为孤柏。

这些富有浪漫色彩的传说固不可信，却显示了泰山悠久的历史和发达的文化。

天贶殿两侧原有环廊百间，与仁安门两侧的东西神门连接，内绘十殿阎罗、七十二司。东廊中间有鼓楼，西廊中间有钟楼，均毁于清末。1982年后，陆

■ 武则天（624年—705年），是一位女诗人和政治家，也是继位年龄最大、寿命最长的皇帝之一。唐高宗时为皇后，尊号为天后，与唐高宗李治并称二圣，683年12月到690年10月作为唐中宗、唐睿宗的皇太后临朝称制，后自立为武周皇帝。

续重建环廊与钟楼。现存的东廊内陈列历代碑刻，自北而南有19块，西廊内陈列汉画像石48块。殿前院，还有《宋封祀坛颂碑》、《金重修东岳庙碑》等石碑。

天贶殿后面是后寝三宫，中为正寝宫，又称中寝宫，面阔三间，两边为配寝宫，各三间。

1012年，宋真宗诏封泰山神为"天齐仁圣帝"后，考虑到还缺个皇后，便于同年封了一个"淑明后"，并为这位皇后修建了后寝三宫，随从和嫔妃则居住在配寝宫。

阅读链接

在天贶殿内墙上的那幅巨大壁画，表现泰山神出巡的宏大场面，关于它的来历，还有这样一个故事：

话说泰安县令接到宋真宗皇帝扩建岱庙的圣旨后，首先命人修好了大殿，可是，宋真宗还要求县令在大殿中画上壁画。县令把附近有名的画师都找来了，让他们设计出草稿请皇上审定，结果反反复复送了五六次，真宗仍是不满意，并下旨道：10天之内不设计出好的画样，就拿县令问罪。

最后，县令的夫人给县令出主意，让画家们画出皇上来封禅时的情景，于是，画家们画好稿子，把稿子送到了县令手中。县令呈给宋真宗，果然赢得了皇上的欢心。于是，岱庙就有了这样气势宏伟的壁画。

寺内现存的其他文物古迹

　　泰山岱庙始建于秦汉，扩建于唐宋，其后，金、元、明、清历代对岱庙均有重修，但基本上均保持了宋代扩建后的规模。

　　从形成至今，岱庙历经千年沧桑，饱受火灾战乱之害，尤其在民国时期，更是遭受巨大破坏，古建损毁严重。

岱庙的牌匾

■ 泰山岱庙中的古老石碑

1986年泰安市博物馆成立之后，在各级政府及上级文物部门的支持下，政府投入大量资金，加大了文物保护、利用、管理的力度，分别于1981至1982年、1987年、1994年、1997至1998年等时间，修复了寺内的钟楼和鼓楼，以及天贶殿两侧东西廊房，并重建了寺内配天门、仁安门，恢复三灵侯殿、太尉殿、东西神门及仁安门东西两侧的复廊，复建延禧门，使岱庙再次形成了规模宏大的建筑群。

现存的岱庙南北长405.7米，东西宽236.7米，呈长方形，面积为9.6万平方米。岱庙的建筑，采用了我国古代纵横双方扩展的形式，总体布局以南北为纵轴线，划分为东、中、西三轴线。

东轴前后设汉柏院、东御座、花园；西轴前后有唐槐院、环咏亭院、雨花道院；中轴前后建有正阳门、配天门、仁安门、天贶殿、后寝宫、厚载门。

主体建筑天贶殿位于岱庙内后半部，高踞台基之

廊房 指厅堂周围的房舍。自明永乐十八年（1420）建都北京，就在皇城四门、钟鼓楼等地方，修建了几千间民房和铺房，召民、商居住或居贷，这些配房均称为廊房。明代官员高明的《琵琶记·两贤相遘》一书中称："小人管许多廊房，并没有这个人。"

■ 岱庙内炳灵门

台基 又称基座，指台的基础。在建筑物中，系高出地面的建筑物底座。用它来承托建筑物，并使其防潮、防腐，同时还可以弥补我国古建筑单体建筑不甚高大雄伟的欠缺。大致有普通、较高级、更高级和最高级四种。

上，其他建筑则设在中心院落之外，彼此独立，又有内在联系。

这种建筑布局是按照宗教的需要和宫城的格局构思设计的，形成分区鲜明，主次有序，庄严古朴的独特风格，并通过建筑空间的变幻，在庄重、肃穆和幽深、雅朴的相互渗透中相映成趣，完整一体。庙中巍峨的殿宇与高入云端的南天门遥相呼应，给人以置身泰山之中的优美感。

现存岱庙东轴线的汉柏院内原有"炳灵殿"，毁于民国年间，院门上的匾额上写着"炳灵门"三个大字。院中五棵高大的古柏，枝桠交错，形如虬龙蟠旋，相传为汉武帝于公元前110年封禅泰山时所植，距今已有两千多年，"汉柏院"由此得名。

虬龙 我国古代传说中的有角的小龙。屈原《天问》中称"虬龙负熊"。宋《瑞应图》中称"龙马神马，河水之精也，高八尺五寸，长颈骼，上有翼，修垂毛，鸣声九音。有明王则见。"虬龙则是传说中的瑞兽，还称"神马"，"马八尺以上为龙"，"两角者虬"。

此院的北面本是一座炳灵宫，供奉着泰山神的三太子炳灵王，原宫1929年毁于战火，1959年在炳灵殿旧址建起汉柏亭。亭子建立在三层石砌的高大台基上，十分壮观。台基壁上镶嵌乾隆五十九年，即公元1794年泰安知县何人鳞所书杜甫的《望岳》和《秋兴》等名人诗刻。登上亭子极目四望，泰城全貌尽收眼底。

此外，汉柏院内碑碣林立，约计90余块。其中有后人隶书的东汉张衡的《四愁诗》、三国曹植的《飞友篇》，有后人篆书陆机的《泰山吟》、谢灵运的《泰山吟》以及宋朝大书法家米芾《第一山》、明崇祯年间陈昌言、左佩铉题篆的《汉柏图赞》、乾隆皇帝御制的《汉柏图》和当代众多名人留下的墨迹。

063

■ 岱庙内的东御座

由汉柏院向北行，穿过幽静的小花园进入一个小巧玲珑的四合院。这里是古帝王祭祀泰山时居住的地方，因坐落在东华门内，所以被称为"东御座"。其建筑为1347年所建，明代称"迎宾堂"，1770年，改称"驻跸亭"。

东御座由长城花门、仪门、大门、正殿和厢房组成，五间正殿高筑台基之上，殿内正中是皇帝来时休息的地方。中间是龙椅，两边的红木家具是从民间收集来的，按清朝时的原样陈列的，家具上有用象牙骨头贝壳镶嵌的人物及花卉纹饰。

在殿内抱柱上有一幅清乾隆皇帝的诗联：

唯以一人治天下

岂为天下奉一人

■ 岱庙内石亭

横匾为：

勤政亲贤

意思就是说天下要有一个人来统一治理，但天下不能仅供奉他一人，皇帝要勤于政事，亲近贤明。

殿内东为书房，西为卧室。岱庙内共存有文物1万多件，其中一级文物138件，以祭器为主。乾隆皇帝献给泰山神的祭器中，有名为"温凉玉雕花圭"、"沉香狮子"和"黄地兰花瓷葫芦"，这三件是乾隆二十七年（1762）、三十六年（1771）朝拜泰山时的供品，并称泰山"镇山三宝"，都是一级文物。

此外，在岱庙后院的东西两侧，还有两处引人瞩目的古迹，东为铜亭，西为铁塔。

铜亭又名"金阙"，铸于明万历四十三年（1615），由万历皇帝遣人铸造，是我国现存的几座铜亭中最小的一座，铜亭四周有门窗是仿木结构，顶有鎏金，重檐九脊歇山式，最初放置于山顶碧霞祠内，明末李自成义军经过泰山时见此亭发着金光，误认为是金铸的，把它拆开后移于山下，后发现是铜铸，便没有带走，将其置于碧霞元君的下庙灵应宫内，1972年将其移到岱庙内加以保护。

■ 乾隆皇帝（1711年—1799年），爱新觉罗·弘历，清朝第六位皇帝，定都北京后第四位皇帝。年号乾隆，寓意"天道昌隆"。25岁登基，在位60年，退位后当了3年太上皇，实际掌握最高权力长达63年，是我国历史上执政时间最长、年寿最高的皇帝。

岱庙内铁塔

该亭以仿木结构形式装配而成，显示了我国古代精湛的冶铸工艺，它和北京颐和园万寿山的铜亭，云南昆明凤鸣山的铜亭并称中国三大铜亭。

西侧的铁塔为明嘉靖年间铸，造型质朴雄伟，原有13级，立于泰城天书观，抗日战争中被日军飞机炸毁，仅存3级，1973年移于此处。

岱庙的最后一重门厚载门，取意"天以高为尊，地以厚为德，大地能载九皇之德"之意，从此门出去往北就是步行登泰山的古盘道，岱庙到山顶9千米，台阶约有6811级。

总之，岱庙不仅是泰山文物最集中的地方，也是一座赏心悦目的古典园林，这里的每一处建筑都体现着我国古代建筑艺术的风采，每一件文物都反映了泰山的文明发展。可以说，它是一座溶建筑、园林、雕刻、绘画和祖国传统于一体的古代艺术博物馆。

颐和园 是我国现存规模最大、保存最完整的皇家园林。此园以杭州西湖风景为蓝本，汲取江南园林的某些设计手法和意境而建成的一座大型天然山水园，也是保存得最完整的一座皇家行宫御苑，被誉为皇家园林博物馆。

阅读链接

小昭寺还是藏传佛教格鲁派密宗最高学府之一，著名的拉萨上密院，也设在小昭寺内。这是格鲁派僧人研读佛经颇有成绩的喇嘛进一步深造、修习密乘的地方，上密院堪布兼任小昭寺主持。

另外，在一般情况下，大昭寺和小昭寺内，都是不允许拍照和摄像的，参观整个小昭寺约需一小时。

嵩山中岳庙

中岳庙位于嵩山东麓黄盖峰下。面对玉案山，背依黄盖峰，东有牧子岗，西有望朝岭，坐北向南，建在由低到高的山坡上，是中州地区最大的一座庙宇，也是五岳中现存最古老、最庞大的古建筑群。

此庙的前身是东周年间所建的太室祠，至今已有2760多年的历史，是历代帝王或重臣封禅或祭奠中岳嵩山的场所。现存庙宇的整个布局是清代乾隆皇帝游嵩山时下令按照北京故宫的形式布局的，当地有"小故宫"之称。

为纪念王子晋始建的太室祠

　　事情还要从我国东周年间说起，在当时，有一位叫姬泄心的皇帝，是东周的第十一代国王。他在位27年，本来是一个非常平庸的帝王，但是他的儿字姬晋却是一个非常神话的人物，这是为什么呢？

登封嵩山中岳庙

■ 中岳庙山门前建筑

话说，这姬晋是姬泄心的长子，因为从小被立为太子，所以人称太子晋。

当太子晋长到14岁时，有一天，他对他的仆人说："我再过三年，就要上天到玉帝之所。"

三年后，太子晋果然因病去世。他的死神奇地验证了他的预言，正因为如此，民间逐渐将他传说成为一位神仙人物。

传说，太子晋喜欢吹笙，声音好像是凤凰在唱歌，他还喜欢游历于伊水和洛水之间。他死后，当时嵩山有个道士叫浮丘公，将他的尸体接到了太室山，也就是后来的嵩山。30多年之后，一个名叫桓良的人遇见太子晋，太子晋对他说："请你转告我的家人，七月七日与我在缑氏山相会。"

缑氏山 周时又称"抚父堆"，位于河南省洛阳东南的偃师市府店镇南，离嵩山距离不远。它的出名确是因了两位神仙的缘故。一位就是大名鼎鼎的西王母，据说她曾在缑山修道。因为她姓缑，所以该山名缑氏山，后来简称缑山。另一位就是王子晋。

■ 张道陵 字辅汉，生于江苏徐州丰县，是张良的八世孙。他是道教的创始人，被尊为第一代天师，人称张天师。相传，他在鹤鸣山修道传教时，恰逢地方瘟疫肆虐，为拯救村民，他将自创研制出祛病健体的神秘草药配方免费发给大家治病，得到人们的爱戴，并因此而扬名天下。

到了那一天，太子晋乘坐着白鹤出现在缑氏山上盘旋，并向下面的人挥手。几天之后，太子晋又当着大家的面挥手与大家作别，升天而去。

于是，后人为了纪念这位太子，在缑氏山和嵩山的山顶上分别修建了两座神祠，其中，位于嵩山的这座神祠取名为太室祠，这祠堂便是嵩山中岳庙的前身。

这座祠堂建好了以后，道教创始人张道陵在这里修道9年。南北朝时，又有著名道士寇谦之在此地改革"五斗米道"，创立了"新天师道"。

在现存中岳庙的第七进建筑峻极门东侧，还有一块名为《中岳嵩高灵庙碑》，据说就是在南北朝时期刻立的。碑文记载了寇谦之复修中岳庙和传道的事迹，是我国关于这位名道最早的记录。

此碑是嵩山地区最古老的一通石碑，碑高为2.82米，由整石雕成。碑文传为嵩著名道士寇谦之所书。字体结构严整，笔调朴实健捷，仿似汉碑古制，是研究魏书书法和中岳庙宗教历史的极其珍贵的实物资料。现在字迹已大部剥落，仅存首尾数百字。

寇谦之传道修寺之后，历代又有不少知名道士在这里主持过道场。峻极门东侧还有《五岳真形图碑》，这一高3米的碑石雕刻着象征五岳的图像，为明代万历年间所刻立。据道教经典《云笈七籤》说，五岳真形图是道士入山辟邪的护身符，一切妖鬼虫虎都不能近。为此，现在河南省的道教协会就设在中岳庙，每年农历三月和六月庙会热闹非凡，这一习俗至今不衰。

此外，在现存中岳庙中华门北有一座八角重檐亭，名为"遥参亭"，这便是古代过往行旅拜谒太子晋和岳神的地方。此亭檐坊和雀替上面透雕戏曲故事，形象优美，精巧异常。

中岳庙内的石碑

阅读链接

中岳庙上的五岳真形图上，五岳的形图各有特点，彼此形象表明什么，历来说法不一。

有的说，五岳图是表示五岳形状的，东岳泰山形体庞大，如巨人端坐，老态龙钟，肃穆威严，因有"泰山如人坐"之说；西岳华山形体陡峭奇险，壁立如削，因有"华山如壁立"之说；南岳衡山形体如鸟翼，光泽秀美，腾空而飞，因有"衡山如鸟飞"之说；北岳恒山，高峻谷深，飞岭纵横，如猿攀跃，因有"恒山如猿行"之说；中岳嵩山形体如人卧，外观奇伟，内含奥妙，因有"嵩山如人卧"之说。

也有人说，五岳是"四象"和土神的形象表示。东岳图绘的是青龙，西岳图绘的是白虎，南岳图绘的是朱雀，北岳图绘的是玄武，中岳图绘的是庙内住土神，如此等等，众说纷纭。但究竟表明的是什么？还有待研究。

汉武帝命祠官增建太室神祠

公元前141年，汉朝的第七位皇帝，也就是刘彻登基，他便是后来的汉武帝。

这位皇帝上任以后，开疆拓土，击溃匈奴，东并朝鲜，南诛百越，西越葱岭，征服大宛，奠定了中华疆域版图。

由于他对我国的统一做出了巨大的贡献，为此，当

■ 轩辕帝 又名黄帝，是我中华民族的始祖，我国远古时期部落联盟首领。他播百谷草木，大力发展生产，始制衣冠，建造舟车，发明指南车，定算数，制音律，创医学等，在此期间有了文字。因为在他统治期间，我国中土的土地是黄色的，所以称为黄帝。

他晚年的时候，他希望自己能够像传说中的轩辕帝一样，成为神仙。

西汉元封元年，也就是公元前110年，汉武帝游览和礼祭嵩山，当他登上嵩山时，发生了一件奇怪的事：

汉武帝和其随从的官员在山顶上听到了山间好像有人在呼"万岁"的声音。

其实，这是嵩山的道士们为了博得汉武帝的欢心，投其所好而设的一个骗局。但晚年好大喜功，贪恋长寿的汉武帝听了以后却十分高兴，于是他便下令叫祠官在太室祠的基础上增建太室神祠，并禁止周围的人砍伐太室山上的树木，还将山下的百亩地封给神祠作为供奉之用。

这样一来，中岳庙的地位就一下子提升了。同时，原来叫作太室山的嵩山也被封为"嵩高山"，简称"嵩山"，从这时起，嵩山正式与我国原有的四岳并列，称为"中岳"。

汉武帝之后，东汉安帝在元初五年，也就是公元118年又在嵩山上增建了太室阙，并又对太室祠进行了一番修整，整修之后，来这里传道修行的道士便更多了。

■ 中岳庙古老的庙门

匈奴 是个历史悠久的北方民族，祖居在欧亚大陆的游牧民族，他们披发左衽，是古北亚人种和原始印欧人种的混合人种。中国古籍中讲述的匈奴是在汉朝时称雄中原以北的一个强大的游牧民族，前215年被逐出黄河河套地区，历经东汉时分裂，南匈奴进入中原内附，北匈奴从漠北西迁，中间经历了约300年。

■ 中岳庙的石人翁仲

在现存中岳庙的前门中华门外，有两座四角亭分立于神道的左右。在亭内，还有一块立于东汉安帝元初的石碑，上面雕刻的是石人翁仲。

据史书记载，翁仲姓阮，为秦朝大将，英勇善战，死后铸像于我国秦代宫殿咸阳宫的避马门外，后来历代沿用，把铸刻的无名的铜像、石像都称为翁仲。

这块雕像高约1米，平顶大脸，腰系大扣纽带，古朴大方，虽经风雨侵蚀，但衣着服饰仍很清晰，是研究我国汉代雕刻艺术和衣着服饰的宝贵资料。

阅读链接

中岳庙中华门前的翁仲，还有个有趣的传说：

话说，乾隆十五年，即公元1750年，乾隆皇帝游历中岳，随驾群臣内，有一翰林院大学士，走到翁仲跟前。

乾隆指着翁仲故意问道："爱卿，这是何人？"

翰林忙答："仲翁"。

乾隆见其将"翁仲"说成"仲翁"，微微一笑，遂写了一首打油诗，故意把每一句的后两字写颠倒。诗曰："翁仲为何读仲翁？可知平时少夫功（功夫）。岂得在朝为林翰（翰林），打到江南作判通（通判）。"

乾隆年间整修后定下布局

位于嵩山的中岳庙经过汉代时期复修以后，到了北魏，此祠堂经过了三次历史变迁后，正式定名为中岳庙，从此，此寺庙归由道教管理。

到了唐代，中岳庙得到了进一步发展。武则天696年登嵩山封中岳时，加封中岳神，并改嵩阳县为登封县。之后，武氏对中岳庙的"情"有独钟，使它的声望日渐兴盛，八方传播。

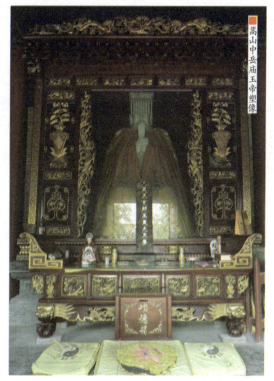

嵩山中岳庙玉帝塑像

■ 中岳庙的牌楼

唐开元年间，唐玄宗李隆基又仿照汉武帝加增了太室祠，并且对中岳庙也进行大力整饰，扩建了殿宇，这样一来，中岳庙迎来了它的鼎盛时期，知道它的人也就越来越多了。

不过，由于战乱，经过唐朝重修的中岳庙并没有完整地保存下来，庙宇内现存的建筑是清初顺治至乾隆年间人们模拟当时的北京故宫重修的。

现存的中岳庙庙制基本上保留着清代重修以后的规模，中轴线建筑共11进，中华门、遥参亭、天中阁、配天作镇坊、崇圣门、化三门、峻极门、峻极坊、中岳大殿、寝殿、御书楼等。从中华门起全长650米，面积11万多平方米，是中岳嵩山现存规模宏大、保存较完整的古庙宇建筑群。

其中，中华门，原名"名山第一坊"，为木建牌楼，1942年改建为砖瓦结构的庑殿式牌坊，更名为"中华门"。门额内外分别写有"依嵩"、"带颍"、

庑殿式 也就是庑殿顶式的屋顶，是我国古典建筑中屋顶的最高级样式之一，有一条正脊，4条垂脊，最高级是重檐庑殿顶。由于此屋顶有四面斜坡，又略微向内凹陷形成弧度，所以又常称为"四阿顶"，宋朝称"庑殿"，清朝称"庑殿"或"五脊殿"。

"嵩峻"、"天中" 8字,简要地说明了中岳庙所处的地理位置。

穿过位于中华门北的遥参亭,迎面就是天中阁。天中阁在明清时期是中岳庙的正门,原名黄中楼,明嘉靖年间改为今名。

天中阁是仿天安门形式,只是比天安门小,天安门有5个门洞,而天中阁只有3个门洞。

出天中阁沿甬道拾级而上,其后便是木结构配天作镇坊。它原名叫"宇庙坊",古时称中岳为土神,意思是以地配天。坊起3架,庑殿式屋顶,斗拱雀替,雕琢华丽。正楼额书"配天作镇",左右配楼分别书"宇庙"、"俱瞻"。配天作镇坊后为松柏掩映的崇圣门。此门为过往门庭,因中岳神曾被封为"中岳天中崇圣大布"而得名。

在中岳庙的第五进建筑崇圣门的东面有一座创建

雀替 是我国古建筑的特色构件之一。宋代称角替,清代称为雀替,又称为插角或托木。通常被置于建筑的横材梁、枋与竖材柱的相交处,作用是缩短梁枋的净跨度从而增强梁枋的荷载力。其制作材料由该建筑所用的主要建材所决定,如木建筑上用木雀替,石建筑上用石雀替。

■ 比天安门小的天中阁

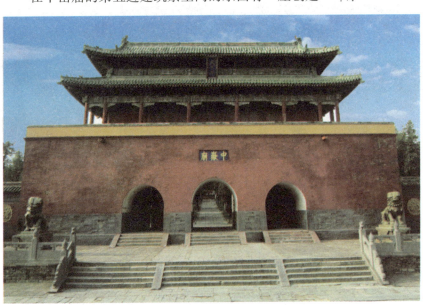

道观杰作

道教的十大著名宫观

于北宋的"古神库"。在古神库的周围有四个高大的铁人，铸造于1064年。铁人高三米多，重约三吨，握拳振臂，怒目挺胸，形象威严，栩栩如生，是我国现存形体最大，保存最好的四个"守库铁人"，同时也是北宋铸造的艺术珍品。

崇圣门前甬道东西两侧，有宋代石碑三通，金代石碑一通，因为四通碑的撰文者都是当时状元，所以又称为"四状元碑"。碑的内容都是叙述中岳庙的历史沿革及修建情况。其碑制宏大，书法遒雅，苍劲有力。

中岳庙的第六进建筑化三门取名于道教的"一气化三清"，是中岳庙的过往门庭。化三门后西侧，有无字碑亭。亭内立有清代石碑一通，碑上只有线刻花边，没有文字，故称"无字碑"。立此碑的意思是说岳神之德，大得难以用文字形容，故立空石，以示纪念。

■ 中岳庙竣极殿

■ 中岳庙内的峻极
门及两侧神像

化三门之北是峻极门，因中门两侧塑有一丈四尺高的两尊将军像，故又名"将军门"，是中岳大殿中心院的山门。

此门创建于金世宗大定年间，明朝崇祯年间毁于大火，清乾隆时重修。左右两侧为东西两掖门。现在制式为歇山屋殿，绿色琉璃瓦，面阔五间，进深六间，殿内的梁材、斗拱上都用沥粉金线、丹青石绿绘出清雅古朴的高级彩画。门内两侧塑有两武士泥像，高达4.5米，执斧秉钺，气势威武。

在竣极门附近有许多珍贵的文物，还有魏碑、唐碣、宋幢、金狮、庙固等。

峻极门前甬道两旁各有两个高台，代表了五岳中的其他四岳，即东岳殿、南岳殿、西岳殿、北岳殿。

在高台下的右手边有两块石碑，其中一块用玻璃罩着的是元代的原物，另一块是按照原物上可识别的

沥粉 我国古建筑彩画工艺之一，"沥"是指液体的点滴，"粉"是指用粉调制成液体，将其一滴一滴地滴落在物面上。有时用特制的工具把沥的点滴加长，形成一种有规律的、人为的线，这种方法术语称之为"沥粉"。

■ 嵩高峻极坊

字和上下文模拟的新碑。

嵩高峻极坊屹立于峻极门内,又名"迎神门",坊起三架,上下两层,额书"嵩高峻极"。正楼和次楼分别是九踩和七踩斗拱,黄瓦盖顶,雕梁画栋,剔透玲珑,式度秀丽,是清代木结构建筑的精品。

跨过嵩高峻极坊,在高约3米的石栏月台上,坐落着中岳庙的正殿峻极殿,或称"中岳大殿",是嵩山规模最大的建筑。

此殿的建筑与北京故宫的太和殿相似,面阔九间,进深五间,面积约920平方米,重檐黄瓦,高大雄伟。殿内装有天花板并饰有彩色绘画以及盘龙藻井,相传是用柏树根雕刻而成,工艺精致,巧夺天工。

殿内神龛中央坐像是武则天加封的中岳大帝天中王,像高5米多,姿态雄伟。侍臣、仙童左右分立。神龛外两侧,塑有身穿盔甲、手执金瓜斧、高约6米的镇殿将军方弼和方相，雄伟庄重。

中岳大殿两侧的东西廊房，与峻极门构成一座长方形的庭院，其面积约有5000平方米，是嵩山地区仅有的一处回廊式古典建筑。廊内供奉72司、8大朝臣、10殿阎君塑像。

峻极殿的后面，是一座单独的院落，主要建筑为岳寝殿。它是一座歇山式建筑，黄瓦覆顶，斗拱飞翘，面阔七间，进深三间，传说为中岳大帝与帝后起居之所。明宪宗成化十六年，即1480年重建，清高宗乾隆元年，即1736年再次重修。

殿内神龛里，有"天中王"和"天灵妃"的塑像，两端有两个大型紫檀木透花雕刻的"龙榻"，榻上有天中王睡像，东榻上睡像为檀木雕刻，西榻上睡像为彩色泥塑。

中岳庙的最后一进建筑御书楼在岳寝殿之后，这

■ 中岳庙-御书楼

是中岳庙的最后一座殿宇，原名"黄篆殿"，是储存道经之地，始建于明万历年间。后来清代乾隆皇帝游中岳时，曾在此殿题碑书铭，故又称"御书楼"。现为硬山庑殿式黄色琉璃瓦楼房，两侧顺山房是储存祭器的地方。

除了上面介绍的11进建筑群之外，中岳庙的东路和西路，还分别建有太尉宫、火神宫、祖师宫、小楼宫、神州宫和龙王殿等单独的小院落，现存的明清建筑近400间，金石铸器200余件，汉到清的古柏300余株。

正是这些亭门宫殿，构成了中岳庙规模宏大的古建筑群。而如此宏大而又幽雅庄严的庙宇在我国国内也是罕见的，为此，此地也被称为华夏文明的圣地。

2001年6月25日，中岳庙作为清代古建筑，被国务院批准列入第五批全国重点文物保护单位名单。

阅读链接

在中岳庙众多的文物古迹中，站立在崇圣门东侧的四尊铁人显得特别引人瞩目。关于这四个铁人，还流传着一个这样的传说：

很早以前，这铁人是八个，一边四个，分立在东西两个神库的四周。北宋末年的时候。金兵南侵，民族英雄岳飞率领爱国将士转战在黄河南北两岸。后来，抗金浪潮波及到嵩山，中岳庙的铁人摩拳擦掌，义愤填膺。

一天晚上，他们乔装打扮，偷偷来到黄河岸边。谁知摆渡的小船只能坐下四个人，于是只好四个人先过，另外四个铁人在岸边等候。等摆渡的小船返回载后四个铁人时，天色已经大亮，中岳庙的道主派人找到黄河岸边，把没有过河的四个铁人强拉硬扯绑了回来。所以，至今站立在东边神库周围的四个铁人还是一副怒目而视、壮志未酬的神态。

芮城永乐宫

　　永乐宫，原名"大纯阳万寿宫"，位于山西芮城县城北约3千米处的龙泉村东，建在原西周的古魏国都城遗址上。此道观始建于元代，是为奉祀中国古代道教"八洞神仙"之一的吕洞宾而建，也是我国道教三大祖庭之一。

　　这是一处在国内外颇有影响的古建筑，它以壁画艺术闻名天下。这里的壁画，是我国现存壁画艺术的瑰宝，可与敦煌壁画媲美。

为奉祀吕洞宾始建吕公祠

在我国民间，吕洞宾是一位与观音菩萨、关公一样妇孺皆知、香火占尽的神仙，合称"三大神明"。唐宋时期，他与铁拐李、汉钟离、蓝采和、张果老、何仙姑、韩湘子、曹国舅等人并称为"道教八仙"。在我国山西的民间信仰中，他是八仙中最著名、民间传说最多的一位。

永乐宫的匾额

那么，这位吕洞宾到底为人们做了什么事，人们要如此敬重他呢？

原来，他本是山西芮城人，出生在一个世代官宦之家，他的祖辈都做过隋唐官吏，所以他自幼熟读经史，长大后，他中了进士，并在家乡做官。

后来，他因为厌倦兵起民变的混乱时世，便抛弃了人间功名富贵，和妻子一起来到中条山上的九峰山修行。

当时，他和妻子各居一洞，相对可望，所以他将自己的名字改为吕洞宾。其中，"吕"，指他们夫妇两口，两口为吕；"洞"，是指他们居住的山洞；"宾"，即是告诉人们自己是山洞里的宾客。

据说，这吕洞宾在弃官出走之前广施恩惠，将万贯家产散发给贫民，为百姓办了许多好事。后来，他遇到已经成仙的汉钟离的度化，得道成仙，号纯阳

■ 山西芮城永乐宫
大纯阳万寿宫

山西芮城 位于中国山西省西南端，黄河中游，是山西省最南端的晋、秦、豫三省交界处，也是山西的南大门。芮城在商末为芮国，周朝初期为魏国，秦朝属于河东郡，汉朝为河北县，北周明帝二年，即公元558年开始，改芮城县至今。

子。之后，吕洞宾下山云游四方，为百姓解除疾病，从不要任何报酬。

正是因为他一生乐善好施，扶危济困，所以深得百姓敬仰。为此，当他羽化后，家乡的百姓便为他修建了一座祠堂，取名为"吕公祠"，以此纪念他。到了金代，因吕洞宾信奉道教，于是人们又将"祠"改成了"观"。

元朝初年，元世祖忽必烈知道吕洞宾信奉的道教在群众中颇为流传，就想利用宗教和吕洞宾的声望巩固自己的统治，为此，他派国师丘处机管领道教，复建"吕公观"，并将道观名改为"永乐宫"。

据说，这次对永乐宫的复建工程，总共花了110多年时间，几乎与整个元朝共始终，才建成了这个规格宏大的道教宫殿式建筑群。

在建筑结构上，此道观吸收了宋代《营造法式》和辽、金时期的《减柱法》，形成了自己特有的风格。同时，道观内的每座殿堂还绘制了总面积达960平方米题材丰富的壁画。

我国现存的永乐宫是典型的元代建筑风格，几个大殿以南、北为中轴线，依次排列，主要由龙虎殿、

《营造法式》是刊行于宋崇宁二年，即1103年，北宋官方颁布的一部建筑设计、施工的规范书，是我国古籍中最为完整的一部建筑技术专书。此书是宋将作监奉敕编修的，主要分为五个部分，即释名、制度、功限、料例和图样共34卷，前面还有"看样"和目录各1卷。

三清殿、纯阳殿和重阳殿四大殿组成。

其中，纯阳殿就是专门为奉祀吕洞宾而建，殿内塑有吕祖像，面目和善慈祥，神态端庄自如。殿内壁画，描绘的是吕洞宾的生平事迹，从诞生起，到得道成仙，普度众生，游历人间，采用的是连环画的形式，每幅画面之间用山石、云雾、树木、河流等自然景色相隔相连，远观浑然一体，近看内容各异。

此壁画虽为宗教画题，但反映了元朝以前我国人民的生活习俗和社会风貌。这一幅幅壁画形象地展示了殿堂楼阁、桥梁涵洞、酒肆茶馆、村舍民居等物质民俗，表现了官吏、学生、平民、商贾等各个阶层、各类人物的生活，还有舟船河中行驶、婴儿诞生仪礼、老人死后祭奠场景，这一切都为我们研究宋金元

涵洞 是公路或铁路与沟渠相交的地方使水从路下流过的通道，作用与桥相同，但一般孔径较小，形状有管形、箱形及拱形等，通常由洞身、洞口建筑两大部分组成。此外，涵洞还是一种洞穴式水利设施，有闸门以调节水量。

■ 纯阳殿内的吕洞宾塑像

■永乐宫内的纯阳之殿

社会史和风俗史提供了重要资料。

　　此外，在纯阳殿后门的出口处，有一幅《钟吕谈道图》，俗称"盘道"，画的是汉钟离度化吕洞宾修仙学道的场面。画面背景有起伏的群山，有潺潺的流水，有古老苍劲的松树，景色秀丽雅静，师徒二人侧身对坐，汉钟离祖胸畅谈，举止大方；吕洞宾凝神注视，侧目静听，神态谦恭。

　　这幅画成功地展示了人物的内心世界，情与景有机交融，气韵生动，活灵活现。

阅读链接

　　永乐宫壁画是我国古代壁画的奇葩，它不仅是我国绘画史上的重要杰作，在世界绘画史上也是罕见的巨制。

　　为此，在20世纪50年代，我国著名的工笔重彩人物画大师刘凌沧仿照永乐宫纯阳殿的《钟吕谈道图》，绘制了一幅长4.0米、宽3.7米的《钟吕谈道图》的局部图，存放在我国国家博物馆内。

以精美壁画而闻名的殿堂

永乐宫原建在芮城县永乐镇。1958年，因需要修建黄河三门峡水库工程，而永乐宫正处于淹没区内，为了保护这一珍贵的历史文物，进行了规模浩大的迁移工程。

从1959年起，历经6年，工作人员将永乐宫全部迁移到芮城县北，

永乐宫钟吕传道图

古魏城遗址 位于山西省运城市芮城县城关镇北2.5千米，是我国山西省文物保护单位之一。1996年1月12日，授予山西省文物保护单位，是一座古遗址。古魏城东西长1.5千米，南北宽1.3千米。现残存北城墙，城墙长1500米，宽4至7米，高7米。

全部壁画分块割取，按照原样安装复原，将永乐宫完好无缺地迁移到了芮城县城北的龙泉村。

这里曾为"古魏城遗址"，有唐代建筑龙泉寺，前为黄河水库，后是巍巍中条山，清澈的泉水环绕而过，更为永乐宫增添了迷人的景色。

现存的永乐宫规模宏大，占地12.7万平方米，建筑面积为86880平方米。永乐宫的建筑特点是将宫门、龙虎殿、三清殿、纯阳殿、重阳殿五座建筑物，自南向北依次排列在一条中轴线上，东西两面不设配殿和附属建筑物，而是用围墙围成一个狭长的中心院落，并将三清、纯阳、重阳三座主要殿宇集中在后半部，建在台基上。其他建筑在中心院落以外，另建一道围墙，主次有序，形成了自己独有的建筑风格。

永乐宫龙虎殿又名无极门，始建于元至元三十一年，即1294年，单檐庑殿顶，面阔五间，进深六间。无极门内有一只缩头鳌驮大碑，上面记载着永乐

■ 无极殿上的匾额

宫的历史。后面是永乐宫的主体建筑无极殿，又名三清殿，建于1262年。此殿是单檐庑殿顶，面阔七间，进深八间。殿内供有"太清、玉清、上清元始天尊"，四壁满布壁画，面积达403.34平方米，画面上共有人物286个。

壁画所描绘的是道教神仙朝元的盛况。在东、西、北三壁及神龛的左右两侧，分别画有八位身高3米的主神。围绕主神，280余位神仙重叠地排成4层，组成长长的行列。

■永乐宫壁画——
太乙神

在神仙行列中，有肃穆庄严的帝君，仙风飘逸的仙伯、真人、神王，有威武剽悍的元帅、力士，有清秀美丽的金童玉女，他们有的对话，有的倾听，有的顾盼，有的沉思，场面宏伟庄严真切，使观看者有身临其境之感。

此壁画对人物形象的描绘充分地体现了我国传统绘画的特点。画师以简练而严谨、流畅而刚劲的线条刻画了众多生动的形象，这些形象按不同的年纪、性格和表情，变化多样而不雷同。线条在疏密有致的组织中，刚柔相济的变化中，创造了和谐的韵律和装饰性效果。

壁画色彩除了主神衣服用绯红和堆金沥粉以外，

朝元 指道教徒朝拜老子。唐乾封元年，即公元666年，唐高宗李治追封老子李耳为"太上玄元皇帝"，并将供奉老子的"老子庙"改为"玄元庙"。为此，唐朝诗人白居易在《寻郭道士不遇》诗中称："郡中乞假来相访，洞里朝元去不逢。"

永乐宫壁画——天罡大圣

全画以青绿为主，表现了神的庄严和清静。286位神仙组成8组，在统一中求得变化，以免单调平板，显示了作者高妙的构图技巧和匠心。这人物繁杂的场面，神彩又都集中在近300个"天神"朝拜元始天尊的道教礼仪中，因此被称为《朝元图》。

无极殿后面的纯阳殿，建于1262年。永乐宫的最后面是重阳殿，供奉王重阳和全真七子，单檐歇山顶，面阔五间，进深六间。殿内采用连环画形式描述了王重阳从降生到得道度化"七真人"成道的故事。

永乐宫的壁画内容丰富，技巧精湛，是对唐宋人物画的继承与发展。所表现的虽是神话故事，但形象并不是抽象的概念化的，而是富有个性的。对于署名为马君祥、马七、张遵礼等这些普通的民间画工，虽然不见于画史的记载，但他们的作品将永远记录在我国绘画史中。

阅读链接

在我国的历史博物馆内，还珍藏着一副从宋代流传下来的，由宋代壁画名家武宗元所作的《朝元仙杖图》。此幅图也是描绘的道教神仙出行行列，画五方帝君和众仙去朝见道教最高天神元始天尊的情景。

据说，永乐宫壁画与这《朝元仙杖图》是一脉相承的，神仙的形象和线条表现的方法具有一定承传关系。所不同的是，后者是向前行进的神仙行列，而前者是朝拜时的静止状态。一是动中求静，一是静中有动。因此，可是说，永乐宫中的《朝元图》是我国绘画史上的杰作。

苏州玄妙观

　　玄妙观坐落在古城苏州繁华的中心区，以其悠久的历史、宏伟的建筑、众多的文物古迹而名闻天下。

　　玄妙观创建于西晋时期，观内有山门、三清殿、弥罗宝阁及21座配殿。观内存有大量的古碑，最著名的老君像石刻，是目前国内仅存的两块老君像碑之一。

　　老君石刻由唐代画圣吴道子绘像，唐玄宗题赞，颜真卿手书，宋代刻石高手张允迪摹刻，堪称"四绝"碑。

千年妙观历经劫难重现风采

香火 指供奉神佛或祖先时燃点的香和灯火；来朝拜的很多，香火很盛。古时候香火也指后辈烧香燃火祭祖，故断了香火就指无子嗣。古时有一说，不孝有三，无后为大，即没有后代传承香火是最大的不孝。

玄妙观始建于276年，初名真庆道院。324年，敕改上真道院。714年，更名开元宫，赐内帑重修。890年，遭受兵火，仅存山门和正殿。到了北宋至道年间，开元宫又改称玉清道院。

1009年，皇帝下诏，把玉清道院改为天庆观额，增建东西南北4庑，新修东西墙垣，由专业画师画成"三天

■ 宋徽宗赵佶（1082年—1135年），是神宗第十一子，哲宗弟，是宋朝第八位皇帝。他先后被封为遂宁王、端王。哲宗于1100年正月病死时无子，向皇后于同月立他为帝。第二年改年号为"建中靖国"。宋徽宗在位25年，国亡被停受折磨而死，终年54岁。

■ 玄妙观的门匾

天宫胜景"巨幅壁画。1125年，宋徽宗赵佶敕赐香火田3.3平方千米。1130年毁于兵火。1146年至1179年，苏州地方官王唤、陈岘、赵伯肃先后主持修复重建。

1295年，始称玄妙观。1366年至1367年间，玄妙观又一次受到战乱的破坏，幸未全毁。明洪武年间朱元璋整顿宗教，赐封苏州玄妙观为正一丛林，在观内设管理道教事务的机构道纪司。

千年古观不仅是苏州道教的主要活动中心，也成为地方政府司仪、祝厘的场所，充分显示了玄妙观在苏州政治和社会生活中的重要地位。

明宣德年间，道士张宗继倡建弥罗宝阁。1438年，巡抚周忱、知府况钟首捐俸资，于正统五年（1440）建成弥罗宝阁，为玄妙观增添了一座气势宏伟、绚丽多姿的副殿。可惜在1602年，宝阁被毁。

到了清代，为了避康熙皇帝的名讳，玄妙观改为圆妙观，又名元妙观。1675年，布政司慕天颜首倡重建弥罗宝阁，1860年毁于战火。同光年间，红顶商人

内帑 指皇室的仓库，也指国库里的钱财。如宋代的叶适在《宝谟阁待制知隆兴府徐公墓志铭》中称："内帑皆三朝恭俭之积，陛下幸用之。"

布政司 是衙门名，全称是"承宣布政使司"，里面的官名叫布政使。明清两代才有布政使司这个衙门机构，又叫藩司衙门。级别为三品，地方的一种高级官吏。地位仅次于总督和巡抚。负责一省的赋税、钱粮、户籍，以及发布各类中央政策通告。

碑刻 泛指刻石文字或图案。最早的碑刻文字，首推秦朝的"石鼓文"，多数的碑刻有毛笔写件兰本或书丹上石。但有些摩崖石刻及石窟，往往不经书写而直接用刀在石面上雕琢。无底本的碑刻不容易揣摸书写的笔法，即使根据真迹上石镌刻，也常存在笔意走样。

胡雪岩独立捐资重建宝阁，直到后来，才恢复了玄妙观的旧称。

清代，据道光《元妙观志》图载，玄妙观盛时占地5.5万平方米，共有30多座殿阁。中轴线上自南而北依次为正山门、三清殿、弥罗宝阁，其他殿阁分布在25处自成院落的"子院"内，如众星拱月般从东、西、北三面围绕着中轴线上的主要殿阁，形成一片巍峨壮丽的建筑群。

但自咸丰、同治之际遭受战火后，就渐趋衰落下来，也没能恢复旧观，宏伟的弥罗宝阁也于1912年8月28日失火焚毁。

1956年，整修三清殿、正山门及东、西诸殿门墙，清理广庭。同年，玄妙观三清殿被列为省文物保护单位。此后，人民政府又连续拨巨款重修玄妙观正山门和三清殿，殿内佛神重塑金身。

■ 玄妙观三清殿

■ 麒麟 亦作"骐驎"，简称"麟"，是我国古籍中记载的一种动物，与凤、龟、龙共称为"四灵"，是神的坐骑，古人把麒麟当作仁兽、瑞兽。雄性称麒，雌性称麟。它是吉祥神兽，主太平、长寿。民间有麒麟送子之说，麒麟是龙头，马身，鱼鳞。

玄妙观内文化积淀深厚，民间传说动人，旧有十八景之说，分别为元赵孟頫所书玄妙观重修山门碑、麒麟照墙、朝北玄帝铜殿、六角亭、钉钉石栏杆、一步三条桥、无字碑、海星坛、一人弄、杨芝画、运木古井、妙一统元匾额、靠天吃饭图碑，如今十八景中还保存九处。玄妙观文物中著名的还有历代碑刻，有老子像碑、永禁机匠叫歇碑等计有81块。除部分收藏在文庙外，还余下不少成为碑廊，现藏在轻工门市部夹弄内，历劫不灭，弥足珍贵。

阅读链接

玄妙观值得一提的还有正山门八字照墙，当年为此还掀起过一场轩然大波。照墙前原来曾有一排平屋，有七八家商铺。在1930年观前街拓宽，影响了这些商铺，德记地产公司出面向玄妙观方丈颜品垄协商拆除照墙，租用两侧地基，搭屋经商，条件是订约15年，付给押金1万元。

此举一出，引起了地方人士的普遍反对，于是便形成了"保古派"与"保商派"之争。这场争论直到后来，经江苏省建设厅批准，在正山门两侧建起了与玄妙观极不协调的三层楼房，道观原来古朴肃穆的风貌从此不复再现。

三清殿成为宋代建筑的代表

玄妙观蕴藏的文化瑰宝，极富我国传统文化的特色。宋代建筑的代表三清殿、艺术珍宝老子像碑、石刻艺术杰作石栏杆等文物，是玄妙观的精华所在，可谓是件件光彩照人。

坐北朝南的正山门，是一座五开间的木构建筑，始建于唐代。历经变故，现存

■ 老子 道家学派创始人，（约前571年—前471年），字伯阳，谥号聃，又称李耳，河南省鹿邑县太清宫镇人。曾做过周朝"守藏室之官"，即管理藏书的官员，是我国最伟大的哲学家和思想家之一，被道教尊为教祖。

为1775年重修，入门迎面就有一块竖头匾，上书"圆妙观"，是清末通州名士沙玉召所书，笔力浑厚，字态端庄。内奉六位尊神，即马、赵、温、王四大元帅和辟非、禁坛二位将军，据说是元代所塑。后来，道协请世代雕塑大师刘国祥重塑六大神像，历时两年才告竣工。现在正山门右侧还有《玄妙观重修三门记》碑石一块。这是元代著名文人牟山献撰文，大书法家赵孟頫书写的。

三清殿是玄妙观的主殿，殿前正中上方有一块1米多长的竖头匾，上书"三清殿"三个正楷大字，是康熙年间太傅金之俊所书，在竖头匾下面，有一块横额，上书"妙一统元"四个大字，笔力苍劲，也是金之俊所书，但原物已失，现为谢孝思所书。

■ 玄妙观三清殿前的丁丁石栏杆

金之俊 字岂凡，江南吴江人，清初大臣。明万历四十七年（1619）中进士，官至兵部侍郎。睿亲王定京师，仍然任此官职。后来又陆续担任工部尚书、太子太保、国史院大学士和秘书院大学士等。

道教的十大著名宫观

■ 玄妙观正门前的牌匾

柱础 是我国传统建筑中的一种结构构件，它主要作用有：第一、承受由柱子传来的屋顶荷载，并将其传递到地基上。第二、隔绝地基的潮气，防止木柱受潮腐烂。第三、根据柱间板壁的安装要求不同，柱础形态作相应的变化及处理。

1179年，三清殿重建。重檐歇山造，面阔九间，宽45.64米，进深6间，深25.25米，通高约27米。殿柱排列，纵横成行，内外一致，共有7列，每列10柱，无"减柱"或"移柱"，俗称"满堂柱"。

三清殿屋顶有绘制精美藻井，画面有"云鹤"、"仙鹿"和"暗八仙"等图案，是我国苏绘工艺中的精品之作。

三清殿四周檐柱为八角石柱，共30根；殿内诸柱除内槽中央四间4根后金柱为抹角石柱外，均为圆木柱，共36根。

柱础均为连碇有唇覆盆式，檐柱础上再施仿木质八角形石柱脚，殿内木柱则于础上加石鼓。下檐斗拱为四铺单昂，昂的下缘向上微微反曲。

柱头铺作昂嘴实为内檐华拱的延长，其上承月梁。梁头伸出做要头，斫作宋式梢头。补间铺作皆用真昂，后尾挑起，以承托下平西方槫下的令拱，即

《营造法式》上的"飞昂"制度。

殿的内槽中央五间后金柱间，筑砖壁达内额下皮，壁前有砖砌须弥座，面阔三间，高1.75米，式样略如《营造法式》而繁密过之。上奉三清像，趺坐于方座上，像高约6米，高于地面约10.5米，神态凝重，衣褶生动，是古代道教造像中的上品。

三清殿殿内壁间嵌有碑石多方，以南宋宝庆元年（1225）所刻"太上老君像"最为珍贵，像为唐代吴道子所绘，形貌苍褶流畅，上方有颜真卿所书唐玄宗李隆基的"赞"四言16句，刻工为张允迪。

三清殿台基面阔49.6米，进深29.5米，现高出周围地面约1米。前施月台，面阔27.2米，进深16.3米，中央立铁鼎。正面与左、右各台阶，周以青石勾栏。台基仅南面东、西梢间及尽间有石栏，与月台石栏贯通，华版雕刻极细，内容有人物、走兽、飞禽、水族、山水、云树、亭阁等，颇为古朴生动，为宋代或宋代以前时期的作品。三清殿是江苏最古老的木结构建筑，也是我国国内现存的体量最大的宋代大殿。

三清殿内主供三清尊神，中为玉清元始天尊，东为上清

■ 吴道子（约680年—759年），唐代画家。画史尊称其为吴生。又名道玄。汉族，河南禹州人。开元年间以擅长绘画而被召入宫廷，历任供奉、内教博士、宁王友。特别擅长佛道、神鬼、人物、山水、鸟兽、草木、楼阁等，尤其精通于佛道、人物等壁画创作。

灵宝天尊，西为太清道德天尊，道教认为三清皆是元始天尊的化身，故有"一气化三清"的说法。

三清殿作为南宋时代的木结构建筑，不仅在江南地区是绝无仅有的，在全国也只有北京故宫的太和殿和山东曲阜的大成殿可与之相比，所以称之为国宝也是当之无愧的。由于三清殿在我国建筑史上占有的重要地位，被国务院列为全国重点文物保护单位。

除了三清殿，玄妙观内的财神殿、文昌殿、"丁丁石栏杆"等也都是难得的古建筑。

财神殿原殿位于东脚门，殿内供奉3位财神：文财神比干、武财神赵公明及关羽。

中间的是文财神比干，因其无心从而专司买卖公平，旁边是赵公明和关公。财神崇拜寄托了人们勤奋劳动、公平致富的美好愿望。

文昌殿建于清乾隆末年。殿堂格局别致，殿内

■ 玄妙观的飞檐

■ 玄妙观的文昌殿

供奉文昌梓潼帝君，两旁奉祀孔子、朱熹。文昌，本为星名，民间俗称"文曲星"，为主宰人间功名，禄位之神。苏州文化昌盛，文士众多，文昌崇拜旧时极盛。

"丁丁石栏杆"位于三清殿前，素有"姑苏第一名栏杆"之誉，堪称苏派建筑艺术中的一大瑰宝，是我国古代雕刻艺术之精品。据传，当年主持建造北京紫禁城三大殿的苏州著名香山匠人蒯祥即是以"丁丁石栏杆"为设计参照样板，建造了三大殿前那气势恢宏的汉白玉石栏杆群的。

玄妙观的"丁丁石栏杆"始建于千年前的五代，它比起重建前南宋淳熙年间的三清殿的历史，还要久远。由38根莲花柱、30块缕空扶栏石，东西12块浮雕石坐栏、6道斜形扶栏坤石组成，取材于色彩素雅、青白相间的江南青石，与黄墙黛瓦、赭漆门楣的三清大殿相配得格外壮观，浑然天成。

蒯祥（1399年—1476年），是我国明代建筑匠师。江苏吴县人。他的父亲有高超的木工技艺，被明王朝选入京师，当了总管建筑皇宫的"木工首"。蒯祥自幼随父学艺，父亲告老还乡后，他便继承父业，出任"木工首"。他曾参加或主持多项重大的皇室工程，据说，天安门城楼就是他设计的。

三清殿前的香炉

"丁丁石栏杆"的浮雕图案，构图简洁，苍老古朴，形象逼真，其左面有鹿、东海、麒麟祝寿、黄鹂鸣翠、鹿衔灵芝、鲤鱼化龙、彩凤展翅、苍鹰糜鹿、双狮相争等，其右面为绣球狮子，金狮回头，雷公腾云，群仙祝寿，鹰搏天狗，蛟龙戏珠、金狮、蟠桃等。浮雕生动，章法完整，为江南罕见的艺术珍品。

三清殿露台东侧踏步下的甬道上，有三条并排的青石板，宛如桥面。石板不长，常人一步即能跨越，故称一步三条桥。

据称，旧时的石碑下曾经有过水穴，每当雨后就有鱼从穴中跃出。可惜的是在民国时期，水穴被填为平地，只剩下三条青石板。人们将这三条青石板视为吉祥物，认为如果一步逾越，就能求得年年有余。

以精美壁画而闻名的殿堂

自从汉代道教传入吴地，历朝历代兴建了许多道观，因此，道观也就成为苏州的一大特色。苏州道教宫观的建筑，是道教文化遗产的精华之一。其中最具文化内涵的仍是玄妙观。

玄妙观的吉祥门

星宿 指道教崇奉的星神。指"四象"和"二十八宿"。我国古代为了观测天象及日、月、五星的运行，选取28个星官作为观测时的标志，称为二十八宿。它又平均分为四组，每组七宿，与东、西、南、北四个方位和青龙、白虎、朱雀、玄武等动物形象相配，称为"四象"，又称"四灵"。

玄妙观的古建筑群规模之宏大，格局之完整，在全国都是罕见。三清殿重檐复宇，巍峨壮丽，是江南规模最大的一座南宋木结构殿堂建筑，是我国灿烂古代建筑文化的见证，是苏州城引为自豪的历史瑰宝。

玄妙观保存着许多重要的历史文物、古迹和碑刻。玄妙观三清殿正中供奉3尊17米高的金塑"三清"法身，慈眉善目，姿态凝重，神采俨然，是宋代道教雕塑中的佳作。

殿后60尊花甲星宿塑像，造型生动，神态各异，大有呼之欲答之感。殿内宋刻《老子像碑》，系唐代大画家吴道子所绘，至今已有760余年的历史。殿内东侧的玄帝铜殿，铜色古湛，传系元代遗物，为江南罕见的艺术珍品。

在玄妙观众多的碑刻之中，老子像碑最为珍贵。该碑树于1225年，也就是南宋宝庆元年，出于刻石名匠张允迪之手。碑上刻有唐代著名画家吴道子所绘的太上老君像，有唐玄宗李隆基题写的赞，还有唐代大书法家颜真卿书写的赞，一块石碑集碑赞、名画和精美书法于一体，世称之为"三绝"。

这块碑刻是苏州现存的画像碑刻中最早的一块，张允迪是当

■ 颜真卿（709年—784年），字清臣，汉族，今陕西西安人，祖籍山东临沂，我国唐代杰出书法家。他创立的"颜体"楷书与赵孟頫、柳公权、欧阳询并称"楷书四大家"。和柳公权并称"颜筋柳骨"。

时的勒石高手，曾参加著名的《平江城坊图》的雕刻
工作。

■ 玄妙观内的小亭

　　像碑中的人物形象庞眉披鬈，力健有余，肤脉连
接，极苍古，是谓仙风道骨之体，其画所用焦墨勾线
莼菜条的手法，使线条弧弯挺刃，植柱构梁，高侧深
斜，卷褶飘带之势，造成条纹磊落逸势，笔力遒劲，
产生强烈的疏体特点和立体感觉，使老子神态超然，
富有仙灵之气。

　　碑是由具"画圣"之称的中唐大画家吴道子所
绘，碑高1.8米，宽0.91米，老子像碑几经战火、动
乱、自然灾害的沧桑而保存了下来，至今已有700多
年的历史。它不仅是道教文化的瑰宝，也是国家的历
史、文物与艺术珍品。

勒石 碑刻术语。
指刻字于石，也
指立碑。指将法
书钩摹本背面加
以复印到石面上
的工序。唐代碑
刻上常有专款记
载勒石者，如
《怀仁集王书圣
教序》碑末有
"诸葛神力勒
石"字样。

■ 方孝孺（1357年—1402年），浙江宁海人，明代大臣、著名学者、文学家、散文家、思想家，字希直，一字希古，号逊志，曾以"逊志"名其书斋，蜀献王替他改为"正学"，因此世称"正学先生"。在"靖难之役"期间，拒绝为篡位的燕王朱棣草拟即位诏书，刚直不屈，孤忠赴难，被诛十族。

在原有的玄帝殿前庭，有一座铜合金浇铸的小型模型殿，面阔1.3米，进深1米，高1.1米，置于石座上，坐南朝北，面向原玄帝殿。此殿铜色古湛乌黑，外观造型均仿自武当山金殿，内供北极玄天上帝，也称真武大帝。旧时，信众乐于触摸铜殿以祈福消灾。这座殿后被陈列在三清殿万年台的东侧。

玄妙观还保存着大量的经典著作。著名的经典有《道藏》、《道德经》、《南华真经》、《黄庭经》、《藏外道书》等，品种丰富，版本齐全。

这些道教经典，有的推崇老子之"道"；有的宣扬神仙方术；有的倡导内外丹之说；有的传授经录秘法等等，构成了道教文化最重要的道学、神学、仙学、教学四大学术体系。

在裘衣真人殿的天井里有一运木古井，井亭上有"元都第一景"的匾额。另外，玄妙观的永禁机匠叫歇碑和无字碑也比较知名。

叫歇碑原来立在机房殿内。明代中叶以后，玄妙观是纺织工匠的聚集之所，建这通碑的目的是机户仗

道纪司 是指明清时地方府一级掌管道教事宜的机构。明代，朝廷一级一级设立管理的道教事务的机构。中央设置道录司，府设置道纪司，设都纪、副都纪各一个；州设置道正司，设道正一人；县置道会司，设道会一人。泉州道纪司设在玄妙观。

官府的势力禁止机匠叫歇。这里的"叫歇"就是罢工的意思。

此碑的发现，对于研究我国资本主义萌芽有着重要的意义。碑文后被选为我国历史博物馆的陈列展品。

无字碑耸立在三清殿东边，高约6米，宽近3米。1371年，清政府把玄妙观更为正一丛林，设置道纪司，革香火田以充军饷。

这是我国道观历史上的一件大事。当时，特别请文学家方孝孺作记勒石，以志纪念。

鱼篮观音像碑原在观音殿中。鱼篮观音原本是观音三十三种化身之一，有人称之为鱼篮大士。民间有关鱼篮观音的传说也很多。

此外，玄妙观还有一座寿星殿即三星殿，殿内供奉福、禄、寿三

玄妙观寿星殿

壮丽的玄妙观

星。福星就是天官，他一身官服，手执如意，专司赐福。禄星就是禄神，司官职禄位。寿星又称南极老人、南极仙翁，专掌延年益寿之职。三星崇拜，体现了我国古代劳动人民追求社会安定，生活幸福的美好愿望。

从著名建筑三清殿到玄妙观大量的道教经典，处处都体现出我国传统文化的深厚底蕴，尤其是道教文化的亘古绵长。玄妙观不仅仅是一座道观，它饱经沧桑的历史更是华夏文明兴衰更替的见证。

阅读链接

关于玄妙观中的无字碑还有一段辛酸往事。一代名士方孝孺的书法铁划银勾，不同凡品，所以无字碑原来是有字碑，即《清理道教碑》。那么有字碑后来何因成为无字碑了？

这要从当年燕王朱棣带兵进入南京后说起。朱棣临近登基时点名让方孝孺起草登基诏书，方孝孺却叱朱棣篡位坚拒不从，而被杀害，并被诛连十族。当时全族死者多达800余人。

最终，就连他书写的这篇碑文也被铲除干净，成了一块无字碑。这个石碑虽然没有一个字，但却闻名退迩，成为玄妙观的名碑之一。

太和宫

    武当太和宫是我国历史上比较著名的道教宫观，位于湖北省丹江口市境内的武当山天柱峰山腰紫金城南天门外。

    太和宫建于唐代，当时有殿堂道舍等建筑510间，现仅存正殿、朝拜殿、钟鼓楼、铜殿等。该宫处于孤峰峻岭之上，殿宇楼堂依山傍岩，整座宫殿结构精巧，布局巧妙，四周峰峦叠嶂，起伏连绵，烟树云海，气象万千。是武当山著名的道教宫观之一。

建于真武大帝飞升地的名观

　　著名道教名观太和宫位于湖北省均县的武当山主峰天柱峰的顶端，距武当山镇35千米。据明代任自垣所著的《大岳太和山志》记载，武当山，古名太和山，今名大岳太和山。传说这里就是当年真武大帝飞升的所在。武当山风景秀丽，历来被认为是乾坤秀萃之所，神灵之宅，又因

天柱峰上的太和宫

■ 太和宫内的始建
碑刻

祭祀真武大帝而驰名中外。

　　当时，人们把建于武当山天柱峰上的金殿称为太和宫。直到清代，明代建的朝圣殿才被称为太和宫，后世一直沿用此称。

　　太和宫始于唐代，元代和明代较为兴盛。明成祖朱棣一直认为是真武大帝保佑自己得了帝位，于是封"真武"为"北镇天真武玄天上帝"，大兴土木，修建宫观，费时7年，役民工30余万，共建太和宫、紫霄宫、南岩宫、五龙宫、玉虚宫、遇真宫、净乐宫、迎恩宫8宫，以及复真观、元和观二观等建筑。

　　太和宫的正殿为朝圣殿，即太和殿，供有铜铸鎏金真武坐像，下面分列雷部六天君。正殿前面为拜殿，周围分列石碑，左右建有钟鼓楼。朝圣殿的右下侧就是皇经堂，供奉三清、玉皇、斗姆、张天师、吕

■ 太和宫紫禁城的
入口

驸马都尉 古代官
职之一。汉代始
置。驸，即副。
驸马都尉，掌副
车之马。到三国
时期，魏国的何
晏，以帝婿的身
份授官驸马都
尉，以后又有晋
代杜预娶晋宣帝
之女安陆公主，
王济娶司马昭之
女常山公主，都
授驸马都尉。以
后驸马即用以称
帝婿。

祖等神像，殿内8幅壁画为真武修真图及道教神仙的故事。皇经堂前建有戏楼、神厨和三官殿。

太和宫的建筑多于明代建造，著名的建筑主要有九链蹬、紫禁城、灵官殿和朝拜殿等。

九链蹬始建于1416年，嘉靖年间曾作局部维修。因其是一条镶嵌在悬崖峭壁上的迂回九曲石作蹬道，俗称九链蹬。整个建筑不仅设计巧妙，布局精美，而且气势恢宏，造型典雅，颇有催人奋进、勇攀高峰的感觉。在我国，"九"在道教中称为天数，穿过九链蹬就到了武当山的顶峰，这里便是传说中真武大帝坐镇的地方。

紫禁城，又名红城，也称皇城，因金殿在上而得名，建于1419年。1417年，皇帝派遣隆平侯等督建。1419年，皇上又下了一道敕建紫禁城的圣旨，令隆平侯张信和驸马都尉沐昕重修紫禁城，务必要"坚固壮实，与天地同其久远"。

整个城墙周长和墙高因依山就势，并不统一。南城门基厚，城墙顶厚，都是用重约500千克的石条砌成。该墙是利用我国古代建筑中的力学收分方法而砌。从里看往外倾斜，从外看往里倾斜，历经数百年的岁月，依然坚固如初。

紫禁城的四周设有东、西、南、北四座天门，全是用青石雕制，造型庄严，象征天阙。全城东、西、南、北四座天门只有南天门可通，其他三门均为装饰。南天门又设有三座门，中为神门，只有斋醮大典时才能启用。右边是鬼门，无门可开。左边是人门，凡进入紫禁城朝拜者，都要从这里经过。人门内中线石墁有一鱼纹，内设机关，设定机关启开时间，凡在

斋醮 亦称斋醮科仪，是道教的一种仪式。道士们身着金丝银线的道袍，手持各异法器，吟唱着古老的曲调，在坛场里翩翩起舞，犹如演出一场折子戏，这就是道教斋醮科仪，俗称"道场"，也就是法事。其法为设坛摆供，焚香、化符、念咒、上章、诵经、赞颂，并配以烛灯、禹步和音乐等仪注和程式，以祭告神灵，来祈求消灾赐福。

■ 紫禁城的西天门

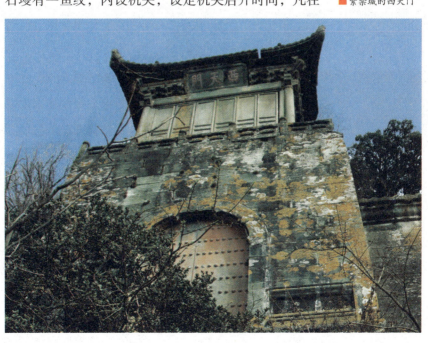

这里失足者都被认为是有过之人。

和紫禁城相比，灵官殿则是依岩建造的小石殿，殿内置锡制小殿。殿内锡制灵官像后来在动乱年代被盗走砸毁。殿门的横联"北极通枢"，是指金殿供奉着北极玄天上帝，凡过往信士都要经过灵官爷的识别检验。

灵官殿入殿口放置数根重约50千克的钢鞭，意为灵官爷的刑具。道教称灵官爷有3只眼，能识人间善恶，且铁面无私。过去，在信士中凡是有过之人，见钢鞭便吓得魂飞魄散。古有楹联为证，上联是"天知地知未有不知"，下联是"善报恶报迟早要报"，横联"善恶分明"。

殿内陈列六块历代皇帝在武当山举行斋醮活动的记事碑。它们分别是：

第一块碑记是1425年2月，明代仁宗皇帝派遣礼部侍郎胡莹致祭于真武神；

第二块碑记载宣德元年（1426），宣宗皇帝派遣太常寺丞袁正安致祭于北极真武之神；

第三块碑刻记载，正统元年（1436）英宗皇帝派遣平江北左镇致祭于北极真武之神；

■ 宣宗皇帝 朱瞻基（1398年—1435年），汉族，明朝第五位皇帝。明仁宗朱高炽长子，幼年就非常受祖父与父亲的喜爱与赏识。永乐九年（1411），被祖父明成祖朱棣立为皇太孙，洪熙元年，即1425年即位，年号宣德。在位期间与明仁宗时期并称"仁宣之治"。

第四块碑记载，天顺元年（1457）英宗皇帝派遣定西侯蒋琬致祭；

第五块碑记载景泰元年（1450），景帝朱祁钰派遣翰林院侍讲徐瑾致祭；

第六块碑记载，成化元年（1465）宪宗皇帝派遣沈瑶致祭。

从以上的碑刻记载中可以看出，在当时武当山的政治地位是多么重要。明代历代皇帝都在登基当年朝拜和致祭真武大帝。尤其是英宗皇帝，他曾两次任帝，两次都在登基致祭。由此可见，君权神授的思想，在明代时期的影响是极深的。

朝拜殿于永乐年间敕建，清代康熙皇帝亲笔书额"大岳太和宫"。该殿砖石结构，歇山顶式，屋顶饰有绿色琉璃瓦。殿内为券拱式梁架，墙体下部为石雕须弥座，面阔进深为一间，殿内陈列着真君、金童、玉女和八尊从官神像。过去由于封建等级制度极为严格，武当山又称皇家庙观，紫禁城内只有七品以上的官员和名人才能通过，朝山信士因不能进入紫禁城，只能在这里朝拜，故称"朝拜殿"。

在朝拜殿门的两旁立有两块铜碑，一通是1560年2月明世宗敕建雷坛设像的记事碑，碑文由都察院左副都御史鄢卿所书，记载了在天柱峰北天门外建雷坛、造金像的事迹。

另一通是明世宗遣臣致祭真武碑，碑上刻有二龙戏珠图，下刻"御制"二字，碑边缕刻龙、云等图案。碑文为遣工部右侍郎陆杰祭北极佑圣真君所书。

在朝拜殿前的两侧是钟楼和鼓楼，钟响如雷，传及百里，与方圆百里的九宫九观遥相呼应。道人以钟板为号令进行着有序的修炼生活，俗称"晨钟暮鼓"。殿的左前方有一座小殿堂为万圣阁，里面供奉道教传说中的各路神仙。

阅读链接

在我国历史上，明代初年的"靖难之变"中，建文帝朱允炆的下落一直是一个未解之谜。在被自己的叔父、后来的永乐帝朱棣夺取皇位之后，建文帝去了哪里却无人知晓，因而这件事成为我国历史上的"四大谜案"之一。

据说明代永乐年间，礼部侍郎胡莹曾受明成祖朱棣的秘旨，在湖北、四川、云南等地查证建文皇帝的下落。当时，常有锦衣卫在武当山一带秘密活动。据史料记载，胡莹曾在一次上朝前，与永乐皇帝耳语了几句话，朱棣听后十分兴奋，当朝就宣布胡莹担任礼部侍郎一职。大臣们由此猜测，胡莹和皇上说的密语就是有关建文皇帝下落的结案。但是结案究竟什么结果，一直是个谜。

与太和殿相媲美的特色金殿

武当山太和宫有一处国宝级金殿，堪与北京故宫的太和殿相媲美，它就是金殿。金殿也称大岳太和宫，地处天柱峰的顶端，故又称"金顶"。来到金顶，仿佛置身于仙境，金殿居中，后有圣父、圣母殿，左有签房右有印房。其布局之合理，主次之分明，堪为我国古代

太和宫的金殿

■ 大岳太和宫

榫卯 也称斗榫，就是指在两个木构件上所采用的一种凹凸结合的连接方式。凸出部分叫榫或榫头；凹进部分叫卯或榫眼、榫槽，这是我国古代建筑、家具及其他木制器械的主要结构方式。

建筑之典范。

金殿建于1416年，重檐庑殿式屋顶，脊饰龙、凤、狮子、海马、天马等飞禽走兽。四壁用隔扇门装饰，额枋施线刻旋子图案，殿内天花及壁上铸线饰流云纹样，线条圆润流畅，地面是紫色海洋化石纹石墁地，洗磨光洁，富丽堂皇。殿堂面阔三间，殿为铜铸，重达10000千克，通体鎏以赤金。

大岳太和宫，是由后来永乐皇帝加封的。金殿的造型和北京故宫太和殿的造型极为相似。朱棣将"太和"二字用于武当山，名为大岳太和山，大顶金殿命名为大岳太和宫。"太和"即"道"，意为"天下太平"之意。北京故宫的金銮殿下有"奉天殿"，就是奉上天之意。奉天殿与武当山大岳太和宫同为一体，意味着朱棣坐镇的江山稳固，不仅达到了"君权神授"的政治目的，也符合了道教所追求的"天人合一"的思想境界。

据说，金殿是在京城铸造的，途经运河到长江，到汉江，再运到武当山。为了确保金殿安装工程，1416年九月初九，朱棣特别敕教督何浚护送金殿船兵小心谨慎，船上不许做饭。

金殿是用数以千计的铜制构件榫卯安装而成，采用当时最先进的制造工艺制成。我国古代铸造家们已将冷缩的系数计算得精确至极。无论外面风雷雨电，金殿内的长明灯一闪不闪，这是因为空气不能对流的缘故。

来到此地的外国专家曾称赞：武当山金殿是世界的掌上明珠。武当山元、明两座金殿已经列入国家第一批文物保护单位。联合国教科文组织将武当山古建筑群正式列入《世界文化遗产名录》，两座金殿在武当山古建筑史中占据了重要地位。

■ 太和宫金殿匾额

朱允炆 明朝第二位皇帝。明太祖朱元璋之孙，懿文太子朱标第二子。他生于1377年12月5日，即洪武十年。因早慧、孝顺和正直，深得祖父朱元璋的钟爱。朱元璋驾崩几天后，朱允炆于1398年6月30日在南京即位，时年21岁，年号"建文"，在靖难之变后下落不明。

金殿内上方悬挂"金光妙相"的金匾，是清代康熙皇帝亲书，意思说殿内铜铸鎏金的金光灿烂的真武大帝玄妙的神像。铜像铸鎏金饰品，着袍衬铠甲，丰姿魁伟，颇有胸怀大志的帝王之像。自明代以来，名人墨客顶礼膜拜，被拥戴为"四大名山皆拱揖，五方玄岳共朝宗"的英明方神。

关于真武神像的来历有两种说法，一种说法是明代永乐皇帝朱棣的像。相传明初，明成祖朱棣靖难之役登上皇位后，皇亲贵族有些不服，但又不敢言怒，只好都信奉道教。朱棣得知这些情况后，与军师姚广孝商量后决定在武当山大兴土木，遣工部侍郎郭进和隆平侯张信、驸马都尉沐昕等，建造了规模宏大的宫观庙宇，并在全国诏告画家，绘画武当山主神真武像。前71名画家都被杀害，轮到第七十二名的是高丽族姓姬的画家。姬画匠赴京前已将后事安排妥当，并没打算活着回来。

当执事太监引见姬画匠时，朱棣正在沐浴。朱棣听说画匠已到，便穿上浴衣出来接见。画匠叩拜皇上时，朱棣说了声"请抬起头来看"，并会意地向画匠点了点头。

聪明的姬画匠，在第二天早时就将画像献给了皇上。朱棣看后欣然大笑，当即朱笔御

■ 太和宫转运殿

■ 诸葛亮（181年—234年），字孔明、号卧龙，汉族，今山东临沂市沂南县人，三国时期蜀汉丞相、杰出的政治家、军事家、发明家、文学家。在世时被封为武乡侯，死后追谥忠武侯，东晋政权特追封他为武兴王。诸葛亮为匡扶蜀汉政权，呕心沥血，鞠躬尽瘁，他在后世受到极大尊崇，成为后世忠臣楷模，智慧化身。

批交工匠赶制铸造。这位姬画匠也被封为皇宫画师，得了高官厚禄。原来这画像就是姬画匠作叩拜时，朱棣皇帝的披发跣足的英姿。武当山宫观主神均是真武像，从此朱棣就不愁谁不拜在他的脚下了。

　　此外，为了保护太和宫内的金殿，在金殿下面位置，还有一处转运殿，又名转展殿。据说，这里本是元代的铜殿，明永乐年间大修武当时，明成祖朱棣因其规模小而另铸了后来的金殿，下旨将元代铜殿转运至金殿下面保存，同时建一座砖石殿加以保护。因为这座铜殿是从天柱峰上转运下来的，所以这座殿房被称为转运殿。

　　此殿始建于元大德十一年（1307），脊高2.44米，面阔、进深均为2.165米，悬山顶式，仿木结构，造型古朴凝重，瓦棱、檐牙、栋柱、门隔、窗棂、门限等诸形毕具，殿体还缕刻有铭文，是研究元代武当山建筑的重要实物资料。

　　我国自古就有"北建故宫，南修武当"的说法。武当山地处秦巴山脉的顶端，不仅有名闻天下的金顶奇观，更是历来的军事要塞，三国时期，诸葛亮就是建议刘备从这里入川的。

　　当年，朱棣靖难之役后夺了侄子朱允炆的皇位，朱允炆不知去向。有人说朱允炆逃到了海外，也有人说朱允炆到武当山出家了，更有人禀报皇上说在云南某个寺庙，一时间众说纷纭。可是无论朱允炆走到哪里都是朱棣的一个祸患。朱棣决定大修武当，并派密臣以寻找张三丰为由四处打听。每天役使30万军民夫匠修建武当，使武当形成了华中腹地的一个军事重镇。

1849年，太和宫的皇经堂得以重建。皇经堂始建于明永乐年间，是当年道教设醮和早晚开坛功课的场所，也是武当山保存最完好的一处清代木雕作品。

皇经堂屋顶装饰翠绿鱼琉璃瓦，面阔三间，前为廊后为檐，正面为全开式格扇门。额书"白玉京中"四个大字，刚劲有力，金碧辉煌。道家称天上有白玉京，是神仙的居处。又说"老子上处玉京，为神王之宗"。意思是诸神在皇经堂内就如同在天上的白玉京中。额坊隔扇门上有木制浮雕，描绘了众多道教人物故事和珍禽神兽，雕工精细，形象生动。

殿悬挂的金匾上书"生天立地"四个大字，是清道光皇帝亲笔御赐。殿内供奉着主神是真武，两边侍从是金童玉女。左边供奉的是三清尊神，右边奉着观世音，道教称"慈航道人"，这是道教中全真教派三教合一的产物。殿内依次排列的还有灵官、吕洞宾及八仙。

阅读链接

关于真武神像来历的第二种说法是，由元代画家、书法家吴兴赵所画。据明代"山志"记载，元代大文学家虞集在《嘉庆图序》中叙述："……真武像，吴兴赵公子昂写其梦中所见者，而上清羽士方壶子之所临也"。他接着详细地描述了"天人披鬓，跣足、玄衣、宝剑、坐临岩谷"，天人对他说："你善绘事，追步顾陆，凡吾真仪，子善记录，审而传之……"言毕冉冉而升。就这样，吴兴赵半夜梦醒，画了第一幅梦中所见真武大帝之像，传给了画家上清道士方壶子，方壶子临摹了数十幅广传各宫观。从此，真武神像便流传开来。

成都青羊宫

青羊宫为川西第一道观，坐落在成都西南郊，南面百花潭、武侯祠，西望杜甫草堂，东邻二仙庵。相传青羊宫宫观始建于周，初名"青羊肆"。

据考证，三国时取名"青羊观"。至唐代先后更名"玄中观"和"玄中宫"。五代时改称"青羊观"，宋代又复名为"青羊宫"，直至今日。

周代时为纪念道仙而建观

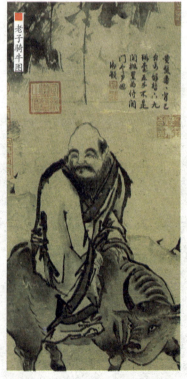

老子骑牛图

春秋末期，周代有一个精通历法，善观天文的大夫名叫尹喜。传说，他自幼究览古籍，习占星之术，能知前古而见未来。

有一天，他在观看天象时发现，一团祥瑞的紫气正由东向西移动。据此天象，尹喜断定一定有圣人将要经函谷关西去。于是他辞去大夫之职，去了偏僻的函谷关任关令。

上任伊始，尹喜就吩咐一个叫孙景的关吏，若有容貌奇特的人过关，一定要立即告诉他。不久，有一天中午，尹喜午睡，他在朦胧中忽然听到了天空中的仙乐，看到了氤氲的紫气。

尹喜从梦中猛然醒来，只见孙景急急忙忙来报说，有一相貌奇特的老人骑着青牛正准备过关。尹喜听到孙景的报告，抑制不住内心的激动，立即收拾好客房，整好衣冠前去迎接。

■ 青羊宫山门前的石狮

尹喜很快见到了那位相貌奇特的老人，果然气度非凡，须发如雪，脸色红润，大耳垂肩，白色的眉毛足足有五寸多长。于是尹喜就恭恭敬敬地跪请他在函谷关住上几天。

后来，老人见尹喜是个可度之材，便答应在函谷关暂住。老人在函谷关住了100多天，向尹喜传授修炼之术，著书5000余字后离去。临别时，老人对尹喜说，"你知道吗？我便是很多人都认识的老子，你须继续修炼。千日之后，你可到蜀国青羊之市找我。"

传说，老子在离开函谷关后，他的真身就投胎在

函谷关 是我国历史上建置最早的雄关要塞之一，因关在谷中，深险如函，故称函谷关。这里曾是战马嘶鸣的古战场，素有"一夫当关，万夫莫开"之称。这里又是我国古代思想家老子著述五千言《道德经》的地方。千百年来，众多海内外道家、道教人士都到这里朝圣祭祖。

■ 青羊宫说法台壁画

蜀中李姓人家。为了哄婴儿开心，李姓家将一条青龙变作青羊，让它整天陪着婴儿玩耍。而尹喜完成《关尹子》时，正好是老子离去后的1000日。

据西汉文学家扬雄所著史书《蜀王本纪》载：

扬雄（前53年—18年），字子云，西汉官吏、学者。今四川成都郫县友爱镇人。少年时好学，为人口吃，博览群书，擅长辞赋。在他40岁时，离开家乡，前往京城，成帝见他文采好，便将他封为黄门郎。是继司马相如之后西汉最著名的辞赋家。

老子为关令尹喜著《道德经》，临别曰："子行道千日后，于成都青羊肆寻吾。"

千日之后，尹喜如约来到成都的青羊之市，却找不到师父，心里十分焦急。后见一家僮牵着一只青羊，他就立即上前打听。

家僮说："我家小主人十分喜欢和这青羊玩，如今我刚找到它，正要带它回去呢。"

尹喜一听，心中便明白了。于是他请家僮帮忙，到家后对小孩大喊"尹喜来了"。

家僮话音刚落，刚才还在为青羊走失而哭泣的小孩立即破涕为笑。

霎时间，李姓府第内涌起一座金光四射的莲花宝座，那小孩也化为数丈高的白金之身，头顶光环，端坐在莲花宝座上，说："我本是太上老君，太微同宅，为一真身，随时变化，你们不必害怕。"

老子又对尹喜说："从前因你修炼不到，所以才没有让你随我西行。如今你功德圆满，是随我列入仙界的时候了。"于是老子召来仙界诸神，授予尹喜玉册金文，封其为无上真人。之后，尹喜便跟着老子飞天成仙了。

后来，人们为了纪念老子和尹喜成道升仙，就在他们白日飞升的地方建了一座道观，取名为"青羊

莲花宝座 据传，佛祖释迦牟尼和观世音菩萨都颇爱莲花，常用莲花为座，自此所有寺院里的佛像都是以莲花为宝座，称之为莲花座。此座都做六角形，下部做一个须弥座，其上枋、下枋都做三重或做四重，束腰部分每面雕刻壹门，上下做仰莲与伏莲。

■ 青羊宫内古老的石刻

道观杰作

道教的十大著名宫观

■ 降生台上的现存建筑

肆"。道观建成后，这里便成了神仙聚会、老子传道的圣地。

为了纪念老子，人们又在青羊肆内的一座土坡之上建有"降生台"和"说法台"。左边的"降生台"塑有一白发婴儿，他便是刚出世的老子，相传老子分身降化于此。右边是"说法台"，台上塑有老子对关令尹喜说法之像。

在三国时期，"青羊肆"被改名为"青羊观"。到了唐代，因唐玄宗曾避安史之乱而居于青羊观内，"青羊观"更名为"玄中观"。

881年，唐僖宗为避黄巢之乱而逃去四川，并在玄中观驻营。据记载，有一天，唐僖宗在观内忽见红

光如毯入地，挖得一块玉砖，上面刻着古篆文：

■ 青羊宫唐王殿

　　　太上平中和灾

　　后来，唐僖宗返回长安后认为此事是太上老君的恩典，特下诏令，大建青羊观殿堂，改"观"为"宫"。后来一直保存下来的青羊宫的宏大格局，如主殿三清殿又名无极殿就是在当时建成的。

　　当时，在"降生台"和"说法台"中间还增建了"紫金台"，又名"唐王殿"，塑有唐王李渊夫妇之像和其子李世民之像。"降生台"、"说法台"和"紫金台"后被合称为"后苑三台"。

　　后苑三台按中轴线对称格式布局，十分严谨，形

唐王李渊（566年—635年），字叔德，祖籍今甘肃秦安西北。唐朝开国皇帝，史称唐高祖，杰出的政治家和战略家。他出身于北朝的关陇贵族，隋末天下大乱时，李渊乘势从太原起兵，攻占长安。公元618年5月，李渊称帝，改国号唐，定都长安，不久之后便统一了全国。

■ 青羊宫的唐王殿

成了青羊宫整个建筑群的有力压轴。

在唐代时，青羊宫主要由山门、灵祖殿、混元殿、八卦亭、三清殿、斗佬殿、唐王殿和降生台等构成，其建筑由南而北，由低渐高，安置在同一中轴线上，形成蔚为壮观的宫观群落，宫内林木森森，法相庄严。

这样一来，由于唐代皇帝的影响和寺观的大肆扩建，玄中宫很快便成为了唐末四川最大、最有影响的宫观。五代时，"玄中观"改称"青羊观"，宋代时又复名为"青羊宫"。

宋代著名诗人陆游在《梅花绝句》中写道：

当年走马锦城西，曾为梅花醉如泥。
二十里中香不断，青羊宫到浣花溪。

绝句 起源于两汉，成形于魏晋南北朝，兴盛于唐朝，当时都是四句一首，称为"联句"，《文心雕龙·明诗》所谓"联句共韵，则柏梁余制"。唐宋两代，是中国经典诗歌的黄金时代，绝句风靡于世，创作之繁荣，名章佳什犹如群芳争艳，美不胜收，可谓空前绝后。

从诗中可想见青羊宫当时的盛景。1167年，全真道的始创人王重阳在青羊宫创立了以道教为主，兼融儒教和释教的全真道派。

元太祖西征期间，王重阳的弟子丘处机因应诏赴西域大雪山谒见元太祖，元太祖因此特别礼遇他，并命其掌管道教，在各地大建宫观。丘处机掌教时间长达24年，这期间他在政治和社会上积极发挥自己的影响，使全真道的发展进入了兴盛时期。

但到明代后，由于明代朝廷重视正一道，全真道由盛转衰。在明朝中期，青羊宫再也没有出现过唐宋时期的盛况，而且青羊宫许多殿宇也不幸毁于天灾兵燹，破坏特别惨重。

在明朝时期，青羊宫的主要建筑有：山门、三清殿和斗姆殿。山门是青羊宫的第一座建筑，其左边塑有土地神和青龙像各一尊以及1515年冬立的"皇恩九

陆游（·1125年—1210年），字务观，号放翁，浙江绍兴人。南宋诗人。少时受家庭爱国思想熏陶，高宗时应礼部试，为秦桧所黜。孝宗时赐进士出身。中年入蜀，投身军旅生活，官至宝章阁待制，晚年退居家乡。他创作的诗歌很多，存九千多首，内容极为丰富，多为抒发政治抱负，反映人民疾苦。抒写日常生活的，也多清新之作。

■青羊宫斗姆殿

龙碑"一座。

山门右边塑有白虎像一尊，并有七星桩，上刻有道教秘传天书云篆，根据中天北斗七星布局，称为北斗七星桩。还有龙凤桩、大石狮一对和龙王井一口等。

三清殿殿前左陈一钟，名曰"幽冥钟"，重约3000多千克。右配一应鼓，名曰"风雷鼓"每逢初一、十五和吉庆大典便击鼓鸣钟，晨钟暮鼓，幽远清晰，给人以更加宁静的感觉。

斗姆殿为楼底式建筑。殿内供奉的斗姆是道教信奉的一大女神。道书中说她名紫光夫人，共生了9个儿子即九皇，分别是：玉皇、紫微、贪狼、巨门、禄

134

道观杰作

道教的十大著名宫观

■ 青羊宫玉皇楼

存、文曲、廉贞、武曲和破军。

斗姆额有三目，肩有四首，左右各出四臂，为三目四首八臂的女神，神像慈容照人，她是一位掌人间生死罪福的天神。在她右边供奉的是女仙之首西王母，即民间所说的王母娘娘。

斗姆左边奉祀的是土皇地祇，为执掌阴阳生育和万物之灵与大地山河之秀的女神。道书中称"承天效法厚德光天圣后土皇地祇"，即民间所称"地母"。两边分别塑有南斗六星和南极长生大帝，即寿星和北斗七星。

阅读链接

宋代以后，我国的道教不断出现新思维，吸收新思想。由元朝始，道教遂分成正一和全真两大派，并一直衍传至今。

全真派道士不饮酒茹荤，不立家，授徒传教，为出家道士。如四川青城山。正一派道士则不然，可以成家，虽有斋戒，但非斋期可以吃酒肉，为在家道士，又称火居道士。如江西龙虎山。

道教在发展中，因不断侵占佛教寺院，引起佛僧不满，后全真道遭到沉重打击。元代时期又渐恢复，明代以后道教则相对衰落。

在清代时期得到持续发展

　　到了清代，青羊宫又香云缭绕、烛影摇红。后来青羊宫所形成的较为完善的规模建筑，均始自清代康熙年间陆续重建恢复，同治与光绪年间多次维修。

三清殿前的独角铜羊

　　每年农历二月十五日既是青羊宫传统的庙会日，又是青羊宫历史悠久的"花会"日，届时宫内香烟缭绕，磬声悠悠，人如潮涌，宫外各种名花异卉争奇斗妍，流香溢彩，人来人往，车水马龙，热闹非凡。

　　在清代时期，青羊宫的主要建筑有：山门、三清殿、玉皇殿原殿、混元殿、灵祖殿、八卦亭和二仙庵等。

　　其中，青羊宫的山门是在乾隆年间修缮的，此门庄严宏伟，龙虎等吉祥物雕镶在飞檐壁柱上，雕刻精细，造型典雅。金字横匾"青羊宫"高悬在山门上方。此匾为当时成都华阳县令安洪德的墨迹，笔力遒劲。

比重建山门的历史更悠久的是青羊宫的第三重大殿三清殿，此殿重建于康熙八年，即1669年。殿基长40米，为正方形，总面积1600平方米。

■ 青羊宫内三清殿前的香炉

在三清殿中的两侧，左右各有一只铜质青羊，它们是青羊宫的象征。三清殿大门左侧的独角铜羊十分奇特，拥有十二属相的特征，似羊非羊，有羊胡、牛身、鸡眼、鼠耳、龙角、猴头、兔背、蛇尾、猪臀、狗肚、虎爪和马嘴等。

据史载，这尊独角铜羊是1723年大学士张鹏翮从北京买来捐赠给青羊宫的。俗传，用热手摸铜羊的冷肚皮能治病祛医，可求福祛灾。

三清殿右侧的铜质青羊是双角的。此羊是成都信徒为配左侧的独角铜羊，特地请云南的匠师于1829年铸造的。两只铜质青羊左右相守，相映成趣，也给人们带来了无穷的趣味和遐想。

在三清殿外檐柱上雕刻着六合童儿、双狮戏绣球等艺术木雕。大殿两边还塑有十二金仙，分别是：广成子、赤精子、黄龙真人、惧留孙、太乙真人、灵宝

磬声　指击磬的声音。其中，这里的"磬"指我国古代的打击兵器，形状像曲尺，用玉、石制成，可以悬挂。其也是佛寺中使用的一种钵状物，用铜铁铸成。这里的"磬声"便是敲击这种钵的声音。

大法师、文殊广法天尊、普贤真人、慈航道人、玉鼎真人、道行天尊和清虚道德真君。

三清殿殿内共有36根大柱，其中木柱8根，代表着道教的八大天干；石柱28根，代表天上二十八星宿。此殿建筑宏伟而庄严，在我国非常少见。

青羊宫内的玉皇殿是道观的第五重大殿，原殿建造于清道光年间，殿内楼上供奉玉皇大帝，楼下前供奉三官大帝，后供奉紫微大帝和真武大帝像。

和玉皇殿在同一时期内重建的是青羊宫的第二重大殿混元殿，此殿重建于清光绪年间，占地面积616平方米，有石柱26根，木柱2根，柱上雕刻有镂空的鹿、凤凰望月、双狮戏球等图案，形象生动活泼。

相传，在北宋时期，宋真宗崇奉道教，封太上

老君为混元上德皇帝。殿内正中供奉的就是"混元祖师"，祖师面容慈祥，手持混元乾坤圈。将圈拉伸便是"一"字，故它展示着世界的本原还处于混沌状态，而祖师开天辟地，使"道生一，一生二，二生三，三生万物"。

后殿供奉的是"慈航道人"，她本是道教十二金仙之一，是一位男仙，后因见世界苦难重重，女子无出家修行之路，便转世为女身，修奉佛法，从此才有女子出家修行之路。真人端坐莲台，容貌秀丽慈祥，遍洒甘露普度众生，故道教和佛教都供奉这位慈爱的"女神"。

在光绪年间重建的建筑还有青羊宫内的第一大殿灵祖殿，此殿占地450平方米。殿宇为楼底式结构，

安洪德 山东聊城人。拔贡，乾隆时期中知华阳县。建置溪书院、安顺桥等，自出俸钱，不烦民力。工书，笔法苍劲。乾隆八年，即公元1743年，华阳令安洪德、成都令夏绍重修青羊宫。安洪德题写"青羊宫"，笔力遒劲，现高悬在山门正上方。

■ 青羊宫三清殿

各种雕刻图案，细致美观。殿宽27米，深15米，高20米。楼上供奉有"先天首将王天君"像，亦称"玉枢火府天将"。相传为北宋时期的王善，曾师从蜀人萨守坚学习道教符法，为北宋末著名道士林灵素再传弟子，死后由玉皇封为"先天主将"，明永乐年间封为"隆恩真君"，主管天上、人间纠察之职，成为道教的护法主将。

青羊宫内的八卦亭坐落在三清殿与混元殿之间，突出地体现了道教教义特征，是一座标志性的建筑物。八卦亭重建于清同治年间，它布局紧凑，精巧大方，占地总面积为289平方米，整体建筑共有3层，建于重台之上。

亭座石台基呈四方形，亭身呈圆形，象征古代天圆地方之说；两重飞檐鸱吻，四周有龟纹隔门和云花

■ 青羊宫内混元殿匾额

■ 青羊宫二仙殿

镂窗，南向正门是十二属相太极图的浮雕，造型古朴典雅，形象地表述了道教精深的宇宙生成学说。

整座亭宇都是木石结构，相互斗榫衔接，无一楔一栓，而是用枋、梲、枌、桷等凿成穿孔，斜穿直套，纵横交错，丝丝入扣。

八卦亭亭高约20米、宽约17米，底座呈四方形，赭色石板栏杆，上下两层均为八角形。每层飞檐都精雕着狮、象、虎、豹，各种兽物镶嵌在雄峙的翘角上。屋面为黄绿紫三色琉璃瓦，屋顶莲花瓣衬托着独具风格的琉璃葫芦宝鼎，高约3.6米，造型优美，甚为壮观。

双排擎檐石柱共16根，皆由巨石凿成。高约4.8米，直径约0.5米。其中，腾云驾雾、栩栩如生的浮雕

萨守坚 又称萨真人、崇恩真君。宋代著名道士，号全阳子。一说为蜀西河，今四川郫县唐昌镇人，一说为南华山今广东曲江县南人。传说，他于陕西路遇神霄派创始人王文卿、林灵素及龙虎山三十代天师张虚靖，三道人各授一法与他。在道教中，他与张道陵、葛玄、许逊共为四大天师。

■ 青羊宫八卦亭

镂空的8条金龙，盘绕在黑柱上，气势磅礴，色彩分明，是我国罕见的石雕艺术珍品。

传说，在八卦亭重建完工之际，向北对着三清殿的右首石柱上的盘龙复活，企图离柱升天而去，恰遇道长夜观星象发现，便以神拳将它钉死在石柱上。后来，这个柱头上还一直保留了那个拳头印。

除以上的殿堂和八卦亭外，在青羊宫的东边，还有一个古老的花园，此地占地约70亩，过去是专门作为接待青羊宫的达官贵人及知名人士之用。1695年，四川按察使赵良璧在花园处创建了另外一个独立的道观二仙庵。

二仙庵建成后，同祀吕洞宾与韩湘子诸神，其名青羊二仙庵，即青羊宫的别馆。赵良璧亲书门匾"二仙庵"和横匾"心性"。

后来，赵良璧迁官浙江藩司，"恐日后里甲头人，杂借名色扰乱二仙庵"，他亲自去请学识渊博，精通儒道经义的全真道士陈清觉主持庵事。赵良璧因深知陈清觉道义深远，所以特别敬佩他。于是，陈清觉便成为二仙庵开山真人。

赵良璧临行前，命画工画陈清觉及自己的像存于二仙庵中。1702年康熙钦赐御书"二仙庵"和"丹台碧洞"匾额，并宋代张紫阳真人《悟真篇》诗一章，还赐珊瑚、金杯等物，又敕封陈清觉为"碧洞真人"。于是，陈清觉遂在二仙庵开启了龙门派分支碧洞宗，二仙庵被尊为碧洞宗之祖庭。

陈清觉主持庵事时，他为了培修道观，节衣缩食，稍有薄蓄，便拿出白银数十两，置买枣子巷田业两大股，复以余资创建来鹤亭，塑吕洞宾、韩湘子骑

■ 青羊宫旁边的二仙庵

青羊宫的古文物

白鹤塑像于其中。

随后，陈清觉又在二仙庵内，建吕祖殿，祀吕洞宾；建斗姥殿，祀斗姥；建御书坊于来鹤亭之西，供奉康熙皇帝御书《赤龙黑虎诗》石碑于其中；建二仙殿，祀吕洞宾、韩湘子，由此而奠定了整个二仙庵的建筑格局。

清光绪末年，二仙庵发起巨创，刊刻《道藏辑要》经版，共1.3万余块，皆以梨木雕成，每块双面雕刻，版面清楚，字迹工整，以二十八宿为次序，印刷成书便为245本。

《道藏辑要》集周秦以下道家子书，六朝以来道家经典、辑道家哲学、道教历史、气功丹法、天文地理、医学和易学等，集我国几千年传统文化之精髓，为我国道教典籍保存最完整存版，是极为珍贵的道教历史文物。

道观杰作

道教的十大著名宫观

在青羊宫的八卦亭内塑有老子法像，尤其是他西出函谷关模样和青牛之头西望，有联云"问青牛何人骑去，有黄鹤自天飞来"，充分说明了道家源远流长的历史与精辟的哲学理论。

"八卦亭"布局紧凑，精巧大方，整座亭共雕有81条龙，象征老子八十一化。另有六十四卦，是根据道教阴阳八卦的学说而设计的，也是道教教理"天圆、地方，阴阳相生，八卦交配成万化"的哲理象征，故取名"八卦亭"。

万寿八仙宫

　　万寿八仙宫，又名八仙庵，是西安最大、最著名的道教观院，位于西安市东关长乐坊北火巷12号，始建于宋，系唐兴庆宫局部故址。

　　万寿八仙宫是道教全真派十方丛林，八仙宫以其美丽动人的"八仙"传说而享誉海内外，被视为道教仙迹圣地，是西安市保存最完整的一座道观。

宋代时为祭祀道仙而建庵

据撰刻于1668年、重修于 1819年的《咸宁县志》和撰刻于1779年的《西安府志》碑刻记载：

八仙庵在长乐坊，宋时有郑生见八仙于此，初建庵。

八仙宫牌坊

另有1832年撰刻的《八仙庵十方丛林碑记》记载：

如八仙庵，自宋迄今，开成丛林……

史料表明：八仙庵始建于宋朝，距今已有900多年的历史了。后据对唐代遗存石柱础的考古认证，八仙庵所在位置就是唐代兴庆宫的局部旧址。这里所说的八仙庵，便是西安的万寿八仙宫。

在现存的八仙宫山门外，大牌楼前立有"长安酒肆"石碑一座，上刻：

■ 八仙宫大牌楼前的石碑

吕纯阳先生遇汉钟离先生成道处。

据我国古代志怪小说集《神仙传》记载：

吕祖初遇钟离于长安酒肆，钟离为酒肆寄儿执炊，吕祖忽困倦枕案假寐，梦举进士，旋署名台谏，含翰苑，富贵荣华，儿孙蕃衍，独相四十年。忽被重罪，籍没家资，

案 长桌子，也泛指桌子。人们常把几和案并称，是因为二者在形式和用途上难以划出截然不同的界限，"几"是古代人们坐时依凭的家具，"案"是人们进食、读书写字时使用的家具，其形式早已具备，而几案的名称则是后来才有的。

■ 八仙宫内的古老建筑

流放岭南，孑然一身，方发浩叹，恍然梦觉。

钟离在旁微吟曰："黄粱犹未熟，一梦到华胥。"

吕惊问，钟离曰："五十年间一顷耳！人世亦大梦也。"

吕祖感悟，拜求度世。别后，钟离遂以十试其心。传后人在此立祠，以示纪念。

这是关于八仙庵来历的一种说法。另有宋时相传，此处地下常闻隐隐雷鸣之声，于是就建了雷神庙来镇它。

其他传说：宋末有个叫郑生的人在雷神庙歇息时，忽然遇到八仙在此聚宴。于是，民间便有了郑生在此遇"八仙"的传说。后来，这传说还被载入了《咸宁县志》：

宋代有郑生见八仙显化于此，因建庵祀之。

又据八仙庵石碑记载，原先这里有座"雷神庙"，八仙云游来这里，他们手捉飞来蟑螂食之，去后留下遍地栗壳，被视为游历人间，遂建八仙庵

太上老君 老子的化身，亦称老君。老君是三清尊神中受到最多香火奉祀的神明，道教相信道家哲人老子是老君的化身，度人无数，屡世为王者之师；因其传下道家经典《道德经》，故称老君为道德天尊，也被道教奉为开山祖师。在道教宫观"三清殿"，老君塑像居左位，手执蒲扇。相传老君居住在太清圣境。

庙祭祀。

元代时，浮云山圣寿万年宫道士赵道一修撰《历代真仙体道通鉴》说，"吕岩于唐会昌时在此遇钟离权为黄粱一梦所悟遂入道"，更是成为了"八仙"故事的渊源。

历代有关八仙的说法，可谓是众说纷纭。但在八仙庵里，八仙为道教传说中的铁拐李、汉钟离、张果老、何仙姑、蓝采和、吕洞宾、韩湘子和曹国舅八位神仙。

铁拐李是八仙中年代最久，资历最深者，见诸于文献则较晚。相传姓李名玄。曾遇太上老君得道。神游时因其身误为徒弟火化，游魂无所依归，乃附一饿死者的尸身而起。蓬头垢面，袒腹跛足，胁夹铁拐，故名铁拐李。亦称"李铁拐"。

汉钟离本名钟离权。相传，他受铁拐李的点化而

祭祀 是华夏礼典的一部分，更是儒教礼仪中最重要的部分，礼有五经，莫重于祭，是以事神致福。祭祀对象分为三类：天神、地祇、人鬼。天神称祀，地祇称祭，宗庙称享。祭祀的法则详细记载于儒教圣经《周礼》、《礼记》中，并有《礼记正义》、《大学衍义补》等书进行解释。

■ 八仙彩绘图

五祖七真 是早期全真派众祖师的总称。为道教所供奉的17位仙真。五祖,有南北二宗。南五祖为悟真紫阳真人张伯端、杏林翠玄真人石泰、道光紫贤真人薛式、泥丸翠虚真人陈楠、琼炫紫虚真人白玉蟾;北五祖为东华帝君王玄甫、正阳帝君钟离权、纯阳帝君吕洞宾、纯佑帝君刘海蟾、辅极帝君王重阳。七真为全真七子。

学道成仙,后又度吕洞宾。他开创钟吕金丹派,道教尊其为北宗道教的"正阳祖师",全真道始创人王重阳所著全真道五祖七真的专门传记《金莲正宗记》列其为"北五祖"之一。

张果老是唐代人。有关他的记载最早为唐代进士郑处诲撰写的《明皇杂录》。后新旧《唐书》均有《张果传》。这些书中记载他喜欢倒骑驴。

何仙姑是八仙中唯一的女性。相传她是住云母溪,食云母粉而成仙的,她行走如飞,每日往来山中采集奉母。后武则天召她进宫,她中途化仙腾空而去。另有传说,她是吕洞宾所度的赵仙姑,因手持荷花得名何仙姑。

蓝采和有关的传说,最早见于南唐沈汾所著的《续仙传》。传说,他常破衣烂衫,一脚着靴,一脚踝足而行。夏则披絮,冬则卧雪,气出如蒸。乞讨

■ 八仙宫内八仙聚会的聚仙阁

时，手执木板，边走边歌。讨到钱后，他要么分给穷人，要么去买酒喝。

　　吕洞宾又名吕纯阳，是唐末五代初的著名道士，自称回道人、吕祖或纯阳祖师，全真道奉为北五祖之一。

　　传说他曾两举进士不第，遇钟离权度化得道。他的故事最早流行于北宋岳州一带，描写他的小说、戏曲很多。

　　韩湘子是道教八仙之一。据唐代大文学家韩愈的笔记小说集《酉阳杂俎》载，他是韩愈的宗侄，性情狂放，擅长奇术，曾在初冬时数日内令牡丹花开数色，每朵又有诗一联。

　　曹国舅又名曹景休，他在八仙中出现最晚。相传，他在宋代时就被收编为吕洞宾弟子，但是关于他的故事迟至元明时期才出现在有关记载之中。

　　八仙庵建成之际，正是道教始盛之时。到了元

　　■ 韩愈（768年—824年），字退之，汉族，河南焦作孟州人。自谓郡望昌黎，世称韩昌黎。唐代古文运动的倡导者，宋代苏轼称他"文起八代之衰"，明人推他为唐宋八大家之首，与柳宗元并称"韩柳"，有"文章巨公"和"百代文宗"之名，著有《昌黎先生集》、《外集》10卷等。

代，道教分支成"正一道"和"全真教"两大教派。其中的"全真教"由于兼容了"佛教"和"儒家"的思想而备受推崇。

八仙庵属全真教派系。加之，它处在唐兴庆宫遗址这一优越的地理位置，历代帝王将相，达官贵人又多恩惠，因此它久盛不衰，影响较大。

在元代初期，全真教大兴，有一个笃信道教的安西王忙哥刺奏请皇帝敕修八仙庵，安西王因"祷嗣获应"，令耶律总管奏皇妃吉利弥释降旨敕修庵，在此大兴土木，"八仙庵"的建筑经此次修缮后已颇具规模了。

到了明朝成化年间，永寿王朱尚灯夜梦八仙，于是对八仙庵进行了全面的维修，并亲笔题写了"蓬

■ 灵宫殿院内的遇仙桥

莱"匾额。此时，八仙庵已成为当时全国著名的道教宫观。

■ 万寿八仙宫

在明正德年间，八仙庵因疾雷自庵中升起，云中现神异形象，道俗于此建八仙殿并增建雷祖殿。明武宗正德年间又进行了扩建。当时，八仙庵的主要建筑有：牌坊、灵宫殿、八仙殿和斗姆殿。

牌坊又名棂星门，高11米，宽12米，为我国传统牌楼形式的五斗七楼，构造精致，气魄宏伟。山门以至灵宫殿有较为开阔的前庭大院，院内有据道教全真教祖师王重阳甘河遇仙故事建的遇仙桥，以及钟楼、鼓楼和旗杆。

碑廊存列有赵孟頫写的老子《道德经》，明代九九山人书写的《长安酒肆诗》，岳飞所书的诸葛亮《出师表》，以及宋、明代的楹联、诗、文和画等

岳飞（1103年—1142年），字鹏举，汉族。今河南省安阳市汤阴县菜园镇程岗村人。我国历史上著名战略家、军事家、民族英雄、抗金名将。他在军事方面的才能则被誉为宋、辽、金、西夏时期最为杰出的军事统帅、连接河朔之谋的缔造者。同时他又是两宋以来最年轻的建节封侯者。他和韩世忠、张俊、刘光世并称为南宋中兴四将。

香炉 即是焚香的器具。用陶瓷或金属作成种种形式。其用途亦有多种，或熏衣、或陈设、或敬神供佛。我国香炉文化的历史可以追溯到商周时代的"鼎"。香炉起源于何时，尚没有定论。古代文人雅士把焚香与烹茶、插花、挂画并列为四艺，成为他们重要的生活内容。

作。灵官殿殿为五开间大厅。殿门柱上有楹联为：

纠察三界神人铁面无私临破胆

赏罚九天善恶赤心辅政对生寒

灵官殿中间供奉道教护法神王灵官，也就是前面提到的"玉枢火府天将"。

王灵官像两侧配有青龙、白虎两神。

青龙，也称苍龙，古代神话之东方之神，是二十八宿中之东方七宿即角、亢、氐、房、心、尾和箕。因其组成龙像，位于东方，色青，故称青龙。

白虎，是古代神话中的西方之神，是二十八星宿中之西方七宿即奎、娄、胃、昴、毕、觜、参。因其

■ 八仙宫内的八仙殿

组成虎像，位于西方，色白，故称白虎。

灵官殿供桌正面有"万寿人仙宫"文字，两旁联为：

蟠桃千岁果

温树四时花

八仙殿是八仙庵主要殿堂，殿门柱上有两副楹联，第一副联文为：

桂殿仿琳宫珠箔银屏百二关河凝瑞色

典章垂柱下琅发玉国五千道德著名言

第二副联文为：

暮鼓晨钟警醒全凡黄粱梦东华传道钟离授诀广垂慈度

朱鱼清声朗咏步应赞洞玄全真间苑琳官新辉共仰仙踪

八仙殿殿前还有铁铸宝塔形丹炉一尊和铁铸长方形大香炉一尊。殿内正中供奉东华帝君，两边供奉八仙，从东至西为韩湘子、李铁拐、张果老、汉钟离、吕洞宾、蓝采和、曹国舅和何仙姑。

155

西安最大道观

万寿八仙宫

东华帝君 领导男仙，常与领导女仙的西王母并称。姓倪，字君明。在天下苍生未始时，生于碧海之上，创造万物。在东方主理阴阳之气。亦号"东王公"。凡男子成仙必要先拜东王公，仙人升品也要拜。《尘外记》所说与《列仙传》略同，称东王公居方诸山上，并说方诸山在东海之内，其诸司命三十五，所以录天上人间罪福，帝君为大司命总统之。

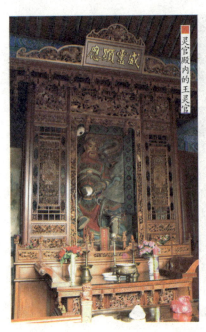
灵官殿内的王灵官

殿后两棵参天古柏郁郁苍翠。神像表情生动，衣袂飘飘，各像各有特点。八仙殿是八仙庵里面香火最旺的殿堂。

斗姆殿正中供奉斗姆像，斗姆像常塑为三目四首，左右各出四臂。斗姆是道教信奉的女神，传说为北斗众星之母。

据《玉清无上灵宝自然北斗本生真经》载：斗姆原为龙汉年间周御王妃，名紫光夫人，共生9子，先生两子为天皇大帝和紫微大帝，后生七子为贪狼、巨门、禄存、文曲、廉贞、武曲和破军，即北斗七星。

明末时期，八仙庵毁于战乱。后来经过修缮，在清初时，八仙庵已基本形成了道教十方丛林重点宫观，为西北数省道教徒授受戒律、学习道教知识的主要场所。

阅读链接

在八仙宫的大殿外面有一座巨大的石碑，碑上刻有"长安酒肆"4个大字。传说，"长安酒肆"为唐代长乐坊一带老徐家所开，所卖"黄桂稠酒"当时在长安街颇有盛名。

有一天，唐代大诗人李白、贺知章和张旭等八人慕名而来，结果为香气横溢的酒而倾倒，此后他们经常来这里喝酒吟诗，每次都要一醉方休。因而人们为了纪念这酒中八仙，便在此立了块"长安酒肆"石碑，并修了一座"八仙宫"。

到了后世，道教逐渐受到皇家的重视，后人就把庙宇扩建成了道教吕洞宾、铁拐李等八仙的道场了。

清代时辟为全真派十方丛林

清康熙初年，著名道士任天然重修殿堂廊庑，扩建东跨院后，在八仙庵开坛放戒，开辟八仙庵成为了道教全真派十方丛林。

八仙庵极盛时，其占地面积近百亩，宫内殿堂层叠，楼台环绕，香火不绝。

1727年，道士高永勤、董清奇又对八仙庵进行了较大规模的维修。1806年，河南著名道士董清奇主持八仙庵。他在任八仙庵住持期间，整顿了十方丛林体制，

■ 慈禧太后（1835年—1908年），即孝钦显皇后，叶赫那拉氏，名杏贞，出身于满洲镶蓝旗的一个官宦世家，咸丰帝的妃子，同治帝的生母。以皇太后身份垂帘听政或临朝称制，为自1861年至1908年间大清王朝的实际统治者之一，又称"圣母皇太后"、"那拉太后"、"西太后"等。

董清奇 清朝著名道士，道号乞化道人或赤脚道人，河南邓州人，生卒年不详，大体生活在清嘉庆年间。他曾于西安西南隅会真庵疯和洞修行。据说，他赤足托钵云游天下，涉足于陕西、湖北、湖南、甘肃、河南、河北、天津、北京等地，参方访道、穷理尽性、究察修性淳心除欲之理，时人称"赤脚仙人"。

增建了西跨院。

道光年间，八仙庵再次得以重修。据1832年的《十方丛林碑记》记载：

董清奇以后有韩合义、刘合仑开坛放戒，朱教先创建西花园。

同治初年，八仙庵内中殿及全部古柏毁于兵火。之后，道士刘永镇修复了被毁殿堂。

1900年，八国联军侵入北京，慈禧太后和光绪皇帝名为"西狩"，实则西逃。在西安避难期间，八仙庵就是他们活动的重要场所之一。当时，他们住跸于八仙庵西花园内，又是接见方丈，又是拈香祈祷，做画做诗。据传，慈禧太后画牡丹的造诣很深，不但画美，题诗也颇为别致：

■ 八仙宫内古老的山门

国色从来比西子，
天香原不借东风。

可惜这幅牡丹画早已丢失，今人难以一饱眼福。

此外，在避难期间，慈禧太后赐额"玉清至道"、光绪御书"宝箓仙传"匾额。慈禧太后还封八仙庵方丈李宗阳为"玉冠紫袍真人"，并赏白银千两，命其"敕建万寿八仙宫"。

万寿八仙宫修缮竣工后，慈禧太后敕名为"西安东关清门万寿八仙宫"匾额，悬挂在八仙庵前门额之上。从此，八仙宫之名便沿袭了下来。

■ "敕建万寿八仙宫"匾额

相传，慈禧当时曾赐道士御棍两挺，后因道士狐假虎威，被陕西布政使樊增祥申饬停用。

八仙宫自宋代创建以来，历经重修、扩建，在清代时格局日趋完整，建筑日益壮观。

清代以前的主要建筑如牌坊、山门、灵官殿、八仙殿和斗姆殿，在经过清代扩建后，成为了万寿八仙宫总体布局的中庭部分。

清代时期，在万寿八仙宫创建的主要建筑除东西跨院外，还增建了西花园等。东跨院主要建筑有吕祖殿、药王殿和太白殿。西跨院有邱祖殿和云隐堂等。

吕祖殿内有吕祖洞。洞内供奉道教北五祖之一的吕

李宗阳（1860年—1939年），号抟虚道人，清末时西安万寿八仙宫住持。河南济源人。早年读书，精通诗文，主攻书法，未成年时便在南阳卧龙岗武侯祠出家，研读道教经典并学习医术达10年之久，其间曾在陕西华山修道。光绪帝封他为"大德禅师"之号，题"宝箓仙传"匾额。

■ 八仙宫的吕祖殿

终南山 又名太乙山、地肺山、中南山、周南山，简称为南山，是秦岭山脉的一段，西起宝鸡市眉县、东至西安市蓝田县，其主峰在西安长安区，素有"仙都"、"洞天之冠"和"天下第一福地"的美称。对联"福如东海长流水，寿比南山不老松"中的南山指的就是此山。

纯阳祖师像。洞门由薄纱帘子半遮掩。殿内墙壁上画有吕洞宾成道演化故事的精美壁画。洞两边有楹联为：

汉阳黄鹤随云驻

函谷青牛望气来

每月农历初一、十五及四月十四吕祖诞辰时，吕祖殿内香客满堂，香火旺盛。

药王殿为三开间硬山式建筑。殿内供奉药王孙思邈真人塑像。殿门两边的楹联是：

道通天地术通圣

儒中隐逸医中真

■ 唐王李世民（599年—649年），唐朝第二位皇帝，名字取意"济世安民"，陇西成纪人，庙号太宗，谥号文武大圣大广孝皇帝，在位23年，享年50岁。他不仅是著名的政治家、军事家，还是一位书法家和诗人。在位期间，他开创了著名的贞观之治，为后来唐朝全盛时期的开元盛世奠定了重要基础。

药王殿内奉祀药王孙思邈像。孙思邈是唐代著名道士，也是医学家。他精通老庄百家之学，精医术，长期居住终南山，为人医病，著有《千金要方》《千金翼方》《摄生论》《福寿论》和《保生铭》等，后人尊其为"药王"。

药王殿墙壁上左右各有一壁碑，右为《孙思逸传》，左为《孙思邈赞》。其中，《孙思邈赞》为唐王李世民称赞北周时期的药王孙思邈所题之诗：

西安最大道观

万寿八仙宫

■ 太白殿内的太白金星

凿开经路，名魁大医。
羽翼三圣，调和四时。
降龙伏虎，极表救危。
巍巍堂堂，百代宗师。

太白殿为三开间硬山式建筑。太白殿供奉太白金星像。太白金星是道教神仙中知名度最高的神之一，在普通百姓中的影响很大。传说，他是一位白发苍苍、表情慈祥的老人，他忠厚善

八仙宫内的文物铜鼎

良，主要职务是玉皇大帝的特使，负责传达各种命令，因而受到人们的喜爱。

在我国本土宗教道教中，太白金星可谓是核心成员之一，论地位他仅居于道教中传说的三清仙境的太上老君，元始天尊和灵宝天尊三位尊神之下。

最初道教的太白金星神是位穿着黄色裙子，戴着鸡冠，演奏琵琶的女神，明朝以后形象变化为一位童颜鹤发的老神仙，经常奉玉皇大帝之命监察人间善恶，被称为西方巡使。

在太白殿殿门上有楹联一副：

诚则金石可穿
骄惰则义必败

邱祖殿为三开间建筑。殿内供奉全真祖师邱处机像，悬挂着一幅邱祖即邱长春的巨幅画像，画像左边挂有《邱祖青天歌》，右边挂有《邱长春真人事实》两幅长条幅，还题有两副对联，其中一副为：

万古长生不用餐霞求秘诀
一言止杀始知济世有奇功

道观杰作
道教的十大著名宫观

在邱祖殿殿门中央悬挂有慈禧皇太后亲笔书写的"玉清至道"的匾额。

云隐堂位于邱祖殿的前西侧，是专供万寿八仙宫重要执事退休后休息的地方，共有三间堂屋，堂门两边的门柱上有一副对联：

此地饶千秋风月

偶来做半日神仙

西花园为道士清修之所，院内花木丛生，环境幽雅，并建有功德祠。另外，万寿八仙宫宫内还建有方丈室、监院室及道士住室等建筑。

万寿八仙宫集宗教、文化和旅游于一体，历史悠久，盛名远播。它以其优雅的环境和丰富多彩的文化生活迎接着八方来客，成为我国道教徒向往的圣地和全国道教重点宫观之一。

一年四季，万寿八仙宫的香客游人都很多。尤其每逢农历四月十五，庙会更是盛况空前，形成一年一度的热闹的庙会。

每年农历九月初九，既是重阳节，又是斗姆元君圣

重阳节 为农历九月初九。儒家四书六经之一《易经》中把"九"定为阳数，九月初九，两九相重，故而叫重阳，也叫重九。重阳节早在战国时期就已经形成，到了唐代，重阳被正式定为民间的节日，此后历朝历代沿袭至今。

■ 八仙宫的西侧门

八仙宫内殿匾额

诞日和祖天师飞升日,可谓道教的重要节日。每逢此时,万寿八仙宫都举行盛大的道场,有的善男信女在初八晚上即赶到这里。

初九清晨鼓声拉开了宗教活动的序幕,但见殿堂灯火通明,经师们手执法器,身着刺绣精美的法衣,在高功带领下吟诵经典,祈祷国泰民安。信徒们烧香磕头,祈求四季平安。有的信徒还为八仙披上全套新装以示祝愿。

阅读链接

张良是汉高祖刘邦的主要谋臣,此人能决胜千里外。但他在辅佐刘邦成就帝业后激流勇退,在陕西留坝县紫经山隐身修行。后人因仰慕他"功成不居"的高风,遂在此建"张良庙"以奉祠。

清道光年间,张良庙道众因受地方恶霸欺凌,向八仙庵求助,愿将其庙做八仙庵下院。八仙庵知客任永真只身前往,历经艰辛,终由官府惩治了恶霸,庙产得以保全和扩大,并辟为我国的第三大十方丛林。

中华精神家园书系

建筑古蕴
壮丽皇宫：三大故宫的建筑壮景
宫殿怀古：古风犹存的历代华宫
古都遗韵：古都的厚重历史遗韵
千古都城：三大古都的千古传奇
王府胜景：北京著名王府的景致
府衙古影：古代府衙的历史遗风
古城底蕴：十大古城的历史风貌
古镇奇葩：物宝天华的古镇奇观
古村佳境：人杰地灵的千年古村
经典民居：精华浓缩的最美民居

古建之魂
千年名刹：享誉中外的佛教寺院
天下四绝：佛教的海内四大名刹
皇家寺院：御赐美名的著名古刹
寺院奇观：独特文化底蕴的名刹
京城宝刹：北京内外八刹与三山
道观杰作：道教的十大著名宫观
古塔瑰宝：无上玄机的魅力古塔
宝塔珍品：巧夺天工的非常古塔
千古祭庙：历代帝王庙与名臣庙

古建涵蕴
天下祭坛：北京祭坛的绝妙密码
祭祀庙宇：香火旺盛的各地神庙
绵延祠庙：传奇神人的祭祀圣殿
至圣尊崇：文化浓厚的孔孟祭地
人间天宫：非凡造诣的妈祖庙宇
祠庙典范：最具人文特色的祭祠
绝代王陵：气势恢宏的帝王陵园
王陵雄风：空前绝后的地下城堡
大宅揽胜：宏大气派的大户宅第
古街韵味：古色古香的千年古街

古建风雅
皇家御苑：非凡胜景的皇家园林
非凡胜景：北京著名的皇家园林
园林精粹：苏州园林特色与名园
秀美园林：江南园林特色与名园
园林千姿：岭南园林特色与名园
雄丽之园：北方园林特色与名园
亭台情趣：迷人的典型精品古建
楼阁雅韵：神圣典雅的古建象征
三大名楼：文人雅士的汇聚之所
古建古风：中国古典建筑与标志

文化遗迹
远古人类：中国最早猿人及遗址
原始文化：新石器时代文化遗址
王朝遗韵：历代都城与王城遗址
考古遗珍：中国的十大考古发现
陵墓遗存：古代陵墓与出土文物
石窟奇观：著名石窟与不朽艺术
石刻神工：古代石刻与文化艺术
岩画古韵：古代岩画与艺术特色
家居古风：古代建材与家居艺术
古道依稀：古代商贸通道与交通

物宝天华
青铜时代：青铜文化与艺术特色
玉石之国：玉器文化与艺术特色
陶器寻古：陶器文化与艺术特色
瓷器故乡：瓷器文化与艺术特色
金银生辉：金银文化与艺术特色
珐琅精工：珐琅器与文化之特色
琉璃古风：琉璃器与文化之特色
天然大漆：漆文化与艺术特色
天然珍宝：珍珠宝石与艺术特色
天下奇石：赏石文化与艺术特色

古迹奇观

玉宇琼楼：分布全国的古建筑群
城楼古韵：雄伟壮丽的古代城楼
历史开关：千年古城墙与古城门
长城纵览：古代浩大的防御工程
长城关隘：万里长城的著名关卡
雄关漫道：北方的著名古代关隘
千古要塞：南方的著名古代关隘
桥的国度：穿越古今的著名桥梁
古桥天姿：千姿百态的古桥艺术
水利古貌：古代水利工程与遗迹

西部沃土

古朴秦川：三秦文化特色与形态
龙兴之地：汉水文化特色与形态
塞外江南：陇右文化特色与形态
人类敦煌：敦煌文化特色与形态
巴山风情：巴渝文化特色与形态
天府之国：蜀文化的特色与形态
黔风贵韵：黔贵文化特色与形态
七彩云南：滇云文化特色与形态
八桂山水：八桂文化特色与形态
草原牧歌：草原文化特色与形态

节庆习俗

普天同庆：春节习俗与文化内涵
张灯结彩：元宵习俗与彩灯文化
寄托哀思：清明祭祀与寒食习俗
粽情端午：端午节与赛龙舟习俗
浪漫佳期：七夕节俗与妇女乞巧
花好月圆：中秋节俗与赏月之风
九九踏秋：重阳节俗与登高赏菊
千秋佳节：传统节日与文化内涵
民族盛典：少数民族节日与内涵
百姓聚欢：庙会活动与赶集习俗

国风美术

丹青史话：绘画历史演变与内涵
国画风采：绘画方法体系与类别
独特画派：著名绘画流派与特色
国画瑰宝：传世名画的绝色魅力
国风长卷：传世名画的大美风采
艺术之根：民间剪纸与民间年画
影视鼻祖：民间皮影戏与木偶戏
国粹书法：书法历史与艺术内涵
翰墨飘香：著名书法名作与艺术
行书天下：著名行书精品与艺术

山水灵性

母亲之河：黄河文明与历史渊源
中华巨龙：长江文明与历史渊源
江河之美：著名江河的文化源流
水韵雅趣：湖泊泉瀑与历史文化
东岳西岳：泰山华山与历史文化
五岳名山：恒山衡山嵩山的文化
三山美名：三山美景与历史文化
佛教名山：佛教名山的文化流芳
道教名山：道教名山的文化流芳
天下奇山：名山奇迹与文化内涵

东部风情

燕赵悲歌：燕赵文化特色与形态
齐鲁儒风：齐鲁文化特色与形态
吴越人家：吴越文化特色与形态
两淮之风：两淮文化特色与形态
八闽魅力：福建文化特色与形态
客家风采：客家文化特色与形态
岭南灵秀：岭南文化特色与形态
潮汕之根：潮州文化特色与形态
滨海风光：琼州文化特色与形态
宝岛台湾：台湾文化特色与形态

民风根源

血缘脉系：家族家谱与家庭文化
万姓之根：姓氏与名字号及称谓
生之由来：生庚生肖与寿诞礼俗
婚事礼俗：嫁娶礼俗与结婚喜庆
人生遵处：人生处世与礼俗文化
幸福美满：福禄寿喜与五福临门
礼仪之邦：古代礼制与礼仪文化
祭祀庆典：传统祭典与祭祀礼俗
山水相依：依山傍水的居住文化

汉语之魂

汉语源流：汉字汉语与文章体类
文学经典：文学评论与作品选集
古老哲学：哲学流派与经典著作
史册汗青：历史典籍与文化内涵
统御之道：政论专著与文化内涵
兵家韬略：兵法谋略与文化内涵
文苑集成：古代文献与经典专著
经传宝典：古代经传与文化内涵
曲苑音坛：曲艺说唱项目与艺术
曲艺奇葩：曲艺伴奏项目与艺术

自然遗产

天地厚礼：中国的世界自然遗产
地理恩赐：地质蕴含之美与价值
绝美景色：国家综合自然风景区
地质奇观：国家自然地质风景区
无限美景：国家自然山水风景区
自然名胜：国家自然名胜风景区
天然生态：国家综合自然保护区
动物乐园：国家动物自然保护区
植物王国：国家保护的野生植物
森林景观：国家森林公园大博览

中部之魂

三晋大地：三晋文化特色与形态
华夏之中：中原文化特色与形态
陈楚风韵：陈楚文化特色与形态
地方显学：徽州文化特色与形态
形胜之区：江西文化特色与形态
淳朴湖湘：湖湘文化特色与形态
神秘湘西：湘西文化特色与形态
瑰丽楚地：荆楚文化特色与形态
秦淮画卷：秦淮文化特色与形态
冰雪关东：关东文化特色与形态

衣食天下

衣冠楚楚：服装艺术与文化内涵
凤冠霞帔：佩饰艺术与文化内涵
丝绸锦缎：古代纺织精品与布艺
绣美中华：刺绣文化与四大名绣
以食为天：饮食历史与筷子文化
美食中国：八大菜系与文化内涵
中国酒道：酒历史酒文化的特色
酒香千年：酿酒遗址与传统名酒
茶道风雅：茶历史茶文化的特色

博大文学

神话魅力：神话传说与文化内涵
民间相传：民间传说与文化内涵
英雄赞歌：四大英雄史诗与内涵
灿烂散文：散文历史与艺术特色
诗的国度：诗的历史与艺术特色
词苑漫步：词的历史与艺术特色
散曲奇葩：散曲历史与艺术特色
小说源流：小说历史与艺术特色
小说经典：著名古典小说的魅力

歌舞共娱

古乐流芳：	古代音乐历史与文化
钧天广乐：	古代十大名曲与内涵
八音古乐：	古代乐器与演奏艺术
鸾歌凤舞：	古代大曲历史与艺术
妙舞长空：	舞蹈历史与文化内涵
体育古项：	体育运动与古老项目
民俗娱乐：	民俗运动与古老项目
刀光剑影：	器械武术种类与文化
快乐游艺：	古老游艺与文化内涵
开心棋牌：	棋牌文化与古老项目

科技回眸

创始发明：	四大发明与历史价值
科技首创：	万物探索与发明发现
天文回望：	天文历史与天文科技
万年历法：	古代历法与岁时文化
地理探究：	地学历史与地理科技
数学史鉴：	数学历史与数学成就
物理源流：	物理历史与物理科技
化学历程：	化学历史与化学科技
农学春秋：	农学历史与农业科技
生物寻古：	生物历史与生物科技

文化标记

龙凤图腾：	龙凤崇拜与舞龙舞狮
吉祥如意：	吉祥物品与文化内涵
花中四君：	梅兰竹菊与文化内涵
草木有情：	草木美誉与文化象征
雕塑之韵：	雕塑历史与艺术内涵
壁画遗韵：	古代壁画与古墓丹青
雕刻精工：	竹木骨牙角匏与工艺
百年老号：	百年企业与文化传统
特色之乡：	文化之乡与文化内涵

杰出人物

文韬武略：	杰出帝王与励精图治
千古忠良：	千古贤臣与爱国爱民
将帅传奇：	将帅风云与文韬武略
思想宗师：	先贤思想与智慧精华
科学鼻祖：	科学精英与求索发现
发明巨匠：	发明天工与创造英才
文坛泰斗：	文学大家与传世经典
诗神巨星：	天才诗人与妙笔华篇
画界巨擘：	绘画名家与绝代精品
艺术大家：	艺术大师与杰出之作

戏苑杂谈

梨园春秋：	中国戏曲历史与文化
古戏经典：	四大古典悲剧与喜剧
关东曲苑：	东北戏曲种类与艺术
京津大戏：	北京与天津戏曲艺术
燕赵戏苑：	河北戏曲种类与艺术
三秦戏苑：	陕西戏曲种类与艺术
齐鲁戏台：	山东戏曲种类与艺术
中原曲苑：	河南戏曲种类与艺术
江淮戏话：	安徽戏曲种类与艺术

千秋教化

教育之本：	历代官学与民风教化
文武科举：	科举历史与选拔制度
教化于民：	太学文化与私塾文化
官学盛况：	国子监与学宫的教育
朗朗书院：	书院文化与教育特色
君子之学：	琴棋书画与六艺课目
启蒙经典：	家教蒙学与文化内涵
文房四宝：	纸笔墨砚及文化内涵
刻印时代：	古籍历史与文化内涵
金石之光：	篆刻艺术与印章碑石

悠久历史

古往今来：	历代更替与王朝千秋
天下一统：	历代统一与行动韬略
太平盛世：	历代盛世与开明之治
变法图强：	历代变法与图强革新
古代外交：	历代外交与文化交流
选贤任能：	历代官制与选拔制度
法治天下：	历代法制与公正严明
古代税赋：	历代赋税与劳役制度
三农史志：	历代农业与土地制度
古代户籍：	历代区划与户籍制度

信仰之光

儒学根源：	儒学历史与文化内涵
文化主体：	天人合一的思想内涵
处世之道：	传统儒家的修行法宝
上善若水：	道教历史与道教文化

梨园谱系

苏沪大戏：	江苏上海戏曲与艺术
钱塘戏话：	浙江戏曲种类与艺术
荆楚戏台：	湖北戏曲种类与艺术
潇湘梨园：	湖南戏曲种类与艺术
滇黔好戏：	云南贵州戏曲与艺术
八桂梨园：	广西戏曲种类与艺术
闽台戏苑：	福建戏曲种类与艺术
粤琼戏话：	广东戏曲种类与艺术
赣江好戏：	江西戏曲种类与艺术

传统美德

君子之为：	修身齐家治国平天下
刚健有为：	自强不息与勇毅力行
仁爱孝悌：	传统美德的集中体现
谦和好礼：	为人处世的美好情操
诚信知报：	质朴道德的重要表现
精忠报国：	民族精神的巨大力量
克己奉公：	强烈使命感和责任感
见利思义：	崇高人格的光辉写照
勤俭廉政：	民族的共同价值取向
笃实宽厚：	宽厚品德的生活体现

历史长河

兵器阵法：	历代军事与兵器阵法
战事演义：	历代战争与著名战役
货币历程：	历代货币与钱币形式
金融形态：	历代金融与货币流通
交通巡礼：	历代交通与水陆运输
商贸纵观：	历代商业与市场经济
印纺工业：	历代纺织与印染工艺
古老行业：	三百六十行由来发展
养殖史话：	古代畜牧与古代渔业
种植细说：	古代栽培与古代园艺

强健之源

中国功夫：	中华武术历史与文化
南拳北腿：	武术种类与文化内涵
少林传奇：	少林功夫历史与文化